高等职业技术教育新形态活页式教材

编程逻辑及C语言实现

周春容　肖祥林　史宏宇　编著

西南交通大学出版社
·成　都·

内容简介

在“三教”改革的背景下，本书主要为满足新时期高等职业院校新一代信息技术相关专业程序设计基础课程教育教学改革需要，对标高等职业院校专业教学标准和C语言开发岗位能力要求编写而成。本书突出基础性、实用性、可操作性和新颖性，注重学习者编程逻辑思维的训练、职业素养和创新能力的培养。教学内容的选取打破传统的课程体系，遵循初学者的认知规律和职业成长规律，将传统教材重构为6个模块内容，每个模块由多个任务组成，主要包括编程逻辑基础、搭建开发环境、程序设计的三种基本结构、构造类型的应用、用函数实现模块化程序设计、用文件实现数据的存储等。同时本书为校企双元合作教材，以企业真实项目为载体，按照企业开发流程组织教学内容；运用已建成的在线开放课程，扫码学习线上PPT、微课视频、课后测试、技术拓展等资源，能增强课程教学的针对性和适用性，为学生上岗和持续发展奠定良好的基础。

本书内容全面、体系合理、讲解翔实、实用性强、体例新颖，是学习者的理想用书，既可以作为新时期高等职业院校新一代信息技术相关专业教材，也可作为新一代信息技术从业者的参考用书。

图书在版编目（CIP）数据

编程逻辑及C语言实现 / 周春容，肖祥林，史宏宇编著. —成都：西南交通大学出版社，2023.1

ISBN 978-7-5643-9065-5

Ⅰ. ①编… Ⅱ. ①周… ②肖… ③史… Ⅲ. ①C语言－程序设计 Ⅳ. ①TP312

中国版本图书馆CIP数据核字（2022）第246404号

Biancheng Luoji ji C Yuyan Shixian

编程逻辑及C语言实现

周春容　肖祥林　史宏宇　编著

责任编辑 / 黄庆斌

特邀编辑 / 刘姗姗

封面设计 / GT工作室

西南交通大学出版社出版发行

（四川省成都市金牛区二环路北一段111号西南交通大学创新大厦21楼　610031）

发行部电话：028-87600564　028-87600533

网址：http://www.xnjdcbs.com

印刷：四川玖艺呈现印刷有限公司

成品尺寸　185 mm×260 mm

印张　18.75　　字数　479千

版次　2023年1月第1版　　印次　2023年1月第1次

书号　ISBN 978-7-5643-9065-5

定价　48.00元

课件咨询电话：028-81435775

图书如有印装质量问题　本社负责退换

前　言

软件是新一代信息技术的灵魂，是数字经济发展的基础，是制造强国、网络强国、数字中国建设的关键支撑。在新发展阶段，数字经济的高质量发展亟须一批树立自主壮大国产软件的信心，坚定科技报国的理想信念的程序员。

“编程逻辑及 C 语言实现”是高等职业院校新一代信息技术相关专业的基础课程。本书主要针对新时期高等职业院校新一代信息技术相关专业程序设计基础课程在“教师、教材、教法”改革方面的需要，由四川交通职业技术学院和成都奥洋信息技术有限公司校企合作开发。本书遵循职业教育规律，突出实训性、操作性，注重学习者职业素养、编程能力、创新能力的培养，并将“三新”技术融入教材中。

全书共分为 6 个模块，层次分明。模块一主要介绍用流程图表示顺序逻辑、选择逻辑、循环逻辑；模块二主要介绍搭建开发环境和环境测试；模块三主要介绍用三种程序基本结构实现计算身体质量指数 BMI、基于 BMI 的健康检测系统、体温检测预警系统三个项目；模块四主要介绍用数组保存防疫物资的名称、用结构体实现查看防疫物资信息、用指向结构体的指针实现防疫物资的出库和入库；模块五主要介绍用函数实现防疫物资管理系统的模块化设计；模块六主要介绍读取防疫物资管理系统入库单、将防疫物资出库清单写入文件、修改文件“防疫物资入库单”指定位置的信息等。以上 6 个模块，旨在加强读者逻辑思维和提升程序设计能力。

本书作者长期从事程序设计基础课程教学和企业软件开发，本书由周春容、肖祥林、史宏宇和成都奥洋信息技术有限公司进行编著，全书由周春容负责统稿，杨桦主审。在编写过程中，本书得到了四川交通职业技术学院吴光成、杨仁怀、郎川萍、徐均等老师的大力支持和帮助，并参考了国内外相关的文献和网上资料，在此向作者表示衷心的感谢。由于编者水平所限，书中难免有不妥之处，热切期望得到专家和广大读者不吝赐教，批评指正。

编　者

2022.8

目　录

模块一　编程逻辑基础

模块二　搭建开发环境

模块三　程序设计的三种基本结构

模块四　构造类型的应用

模块五　用函数实现模块化程序设计

模块六　用文件实现数据的存储

模块一　编程逻辑基础

学习目标

完成本学习任务后，应当能够：

- 能正确理解 IPO 模型；
- 能正确描述算法的定义和特性；
- 能正确描述常量和变量的定义；
- 能正确描述运算符的分类；
- 能够用流程图表示顺序逻辑；
- 能够用流程图表示选择逻辑；
- 能够用流程图表示循环逻辑；
- 能够使用预检表分析流程图。

学习内容

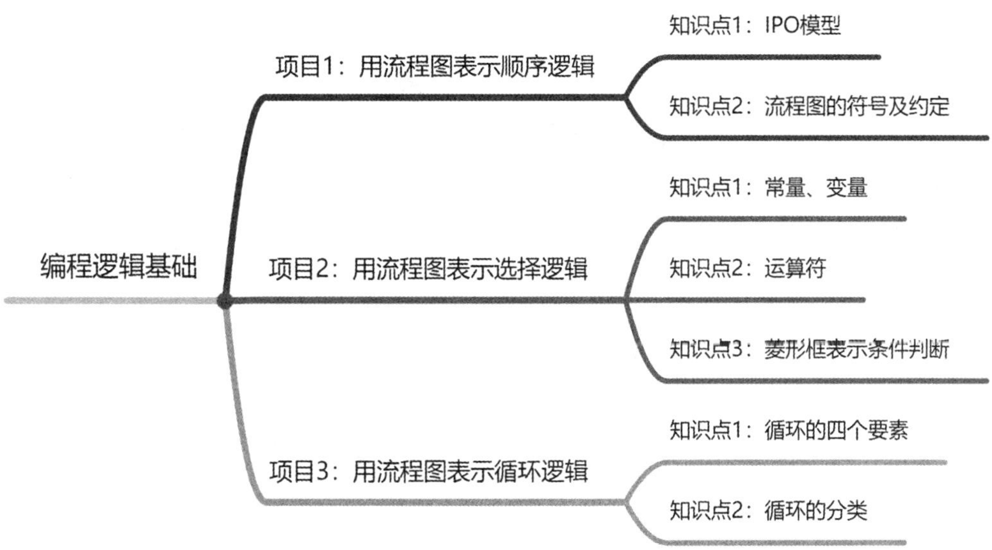

项目 1　用流程图表示顺序逻辑

任务描述

本教材在智慧职教平台提供了配套的知识点讲解视频、PPT、作业讲解等线上学习资源，在学习线上资源之前需要学习者在平台先注册，再加入课程学习，具体步骤如下。

第一步：在浏览器中输入课程地址：

https://mooc.icve.com.cn/course.html?cid=CXSSC754536

第二步：点击页面中“注册”按钮，完成用户注册。

第三步：登录系统。

第四步：加入课程，开始学习。

任务要求：用流程图绘制出加入课程学习的流程。

技术准备

1. IPO 模型

IPO（Input, Processing, and Output）模型即输入、处理和输出。IPO 模型无处不在，现实世界中人们从事某项工作，经历接收任务（输入），完成任务（处理），反馈完成情况（输出）的过程。在编程世界中，信息系统所有的事务运行都遵循 IPO 模型。

（1）日常生活中的 IPO 模型。

在现实生活中，查看邮件，需输入邮箱号码和密码，点击“登录”按钮后进行用户权限验证。如果邮箱号码和密码正确，则权限验证通过，会显示邮箱的主界面，可以在界面中查看邮件；如果邮箱号码或者密码有误，则权限验证失败，会给出相应的错误提示。

查看邮件过程，用户经历了输入—处理—输出（I—P—O）的过程。如图 1.1 所示，在第一个阶段中，邮箱号码和密码被输入计算机中，此阶段称为输入阶段。然后根据邮箱号码和密码进行权限验证，此阶段称为处理阶段。处理完成之后，根据处理结果将邮箱主界面或者错误消息显示在屏幕上，此阶段称为输出阶段。

图 1.1　输入-处理-输出

在计算机中，所有的硬件设备参与输入—处理—输出循环。鼠标、键盘、手写板用于输入，中央处理器、内存、运算器用于处理，显示器、打印机用于输出。

（2）学习过程中的 IPO 模型。

学习知识也遵循 IPO 模型，即通过课堂上听老师讲解、网上学习 MOOC 资源、阅读书籍文献等途径接收信息的输入；把接收到的信息进行处理内化于心，这是信息的处理；分享交流内化于心的知识、用于解决实际问题等是信息的输出。

（3）编程世界中的 IPO 模型。

在网购过程中，计算机是如何工作的呢？计算机用于接收输入、处理输入、生成输出。除此之外，还需要提供一组命令序列来完成以下工作：

①用户提供的输入种类。在网购过程中，商品的名称、品牌、型号、需要购买的件数就是输入。

②预期的输出类型。在网购过程中，满足客户要求的商品就是输出。

③处理是需要执行的操作。在网购过程中，接收用户输入，查看产品状态、库存，显示结果就是处理。

练一练：

问题：请识别下列各项工作分别属于“输入”“处理”或者“输出”，并将其对应的英文字母填写在合适的方格内。

A. 利用键盘键入字母

B. 打印资料

C. 老师布置作业

D. 输入 QQ 账号和密码

E. 线上学习

F. 计算各科平均成绩

G. 教务系统查询成绩

输　入	处　理	输　出

2. 算　法

程序（Program）是为实现特定目标或解决特定问题而用计算机语言编写的命令序列的集合。在编写程序之前，需要先设计解决问题的步骤。

算法：解决某一问题的方法和步骤。

算法有五个特性：

（1）有穷性：一个算法包含有限的操作步骤；

（2）确定性：算法中的每一个步骤要是确定的，不能模棱两可；

（3）有效性：算法中的每个步骤都能有效地执行，并得到确定的结果；

（4）有输入：有 0 个或者多个输入；

（5）有输出：有 1 个或者多个输出。

算法的描述形式有：自然语言、流程图、伪码等形式。本书中介绍用流程图来算法。

3. 流程图

（1）流程图定义。

流程图是为了满足某种需求，按照其逻辑关系将一组包含特定功能的图形组合起来的图形。在编程世界中，通常用流程图来表示解决某一个问题的算法，用流程图表示算法比用文字表示更形象直观、易于理解。

流程图使用一些标准符号代表某些类型的动作，如决策用菱形框表示，具体活动用方框表示。但比这些符号规定更重要的，是必须清楚地描述工作过程的顺序。流程图也可用于设计改进的工作过程，具体做法是先画出事情应该怎么做，再将其与实际情况进行比较。

（2）流程图符号及约定。

流程图符号及约定见表 1.1。

表 1.1　流程图符号及约定

符号	说　明
	平行四边形——表示输入数据，其中可注明数据名、来源、用途或其他的文字说明
	矩形框——表示各种处理功能。例如，执行一个或一组特定的操作，从而使信息的值、信息形式或所在位置发生变化，或是确定对某一流向的选择。矩形内可注明处理名或其简单功能
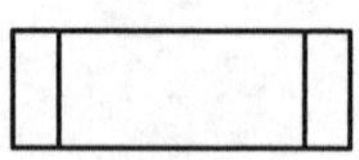	带有双纵边线的矩形——表示已命名的特定处理。该处理为在另外地方已得到详细说明的一个操作或一组操作，比如一个子程序、函数等。矩形内可注明特定处理名或其简要功能
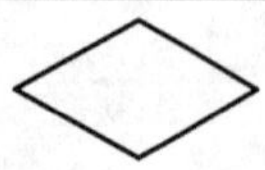	菱形框——表示判断。菱形内可注明判断的条件，它只有一个入口，有两个出口，根据菱形框内的条件的取值，选择不同的流程执行

续表

符号	说　明
	圆形——表示连接符。用以表明转向流程图的它处，或从流程图它处转入，它是流线的断点
	椭圆框——表示流程图的开始或者结束
	箭头——表示控制流的流程线。流程线上的箭头，是用来表示流程方向的。流程线的标准流向是从左到右和从上到下
	表示输出结果

（3）绘制流程图的软件。

绘制流程图常用的工具有：Microsoft Word、WPS Office 中的 Word、Microsoft Visio 等，如果计算机没有安装这些软件，可以用在线协作绘图平台 ProcessOn，输入 ProcessOn 官网，可以免费注册使用。

案例 1：用流程图绘制在国家智慧教育公共服务平台学习的流程。

国家智慧教育公共服务平台是由中华人民共和国教育部指导，教育部教育技术与资源发展中心（中央电化教育馆）主办的智慧教育平台，是国家中小学智慧教育平台、国家职业教育智慧教育平台、国家高等教育智慧教育平台、国家 24365 大学生就业服务平台 4 个子平台的综合集成平台，提供了丰富的课程资源和教学服务。用户可以利用计算机，在浏览器中输入网址开始学习，也可以通过在手机或者 PAD 等手持上网设备安装 App，在 App 中开始学习。

用流程图简洁明了展示在 PC 端用浏览器学习国家智慧教育公共服务平台资源的流程，步骤如下：

第一步：列出在 PC 端学习国家智慧教育公共服务平台资源的流程。

1. 打开浏览器
2. 输入国家智慧教育公共服务平台网址
3. 开始学习
4. 写心得体会
5. 关闭浏览器

第二步：判断流程图中需要用到的符号。

	表示流程开始或者结束
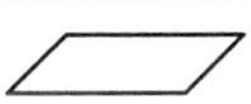	输入框
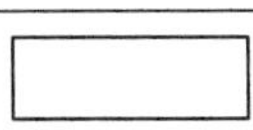	处理框
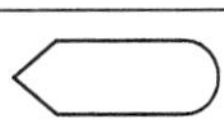	输出框
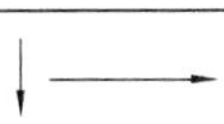	流程线

第三步：绘制流程图，如图 1.2 所示。

这是在 PC 端完成学习的流程，还可以在手机或者 PAD 上通过 App 完成学习。比如通过 APP 学习平台中提供的中小学资源的步骤如下：

①先在手机或者 PAD“应用市场”中输入“国家智慧教育”关键字。

②点击“搜索”按钮。

③安装“智慧中小学”APP。

④再打开“智慧中小学”APP。

⑤开始学习。

⑥写心得体会。

⑦学习结束。

利用 App 完成学习的流程图如图 1.3 所示。

图 1.2　在 PC 端学习国家智慧教育公共服务平台资源的流程图

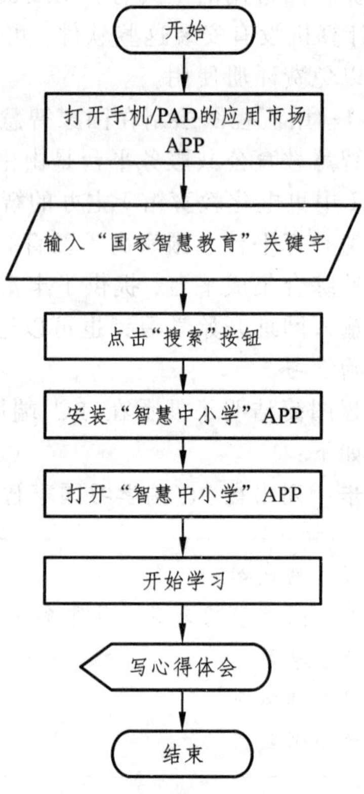

图 1.3　用 APP 学习平台中提供的中小学资源的流程图

任务实施

第一步：任务分析。

根据任务描述，分析要加入课程学习的输入、处理和输出分别是：

输入：课程网址。

处理：加入课程、注册、登录、开始学习。

输出：发表学习讨论。

第二步： 绘制流程图要用到的符号。

符号	说明
	表示流程开始或者结束
	输入框
	处理框
	输出框
	流程线

第三步： 绘制流程图。

请选择绘制流程图的软件，完成流程图的绘制。

（1）Visio 软件。

（2）通过访问 Visio 软件官方网站获取在线绘制工具。

第四步： 交流分享。

将作品上传到课程平台，完成分享交流。

拓展练习

任务：请绘制加法运算的流程图，两个加数由键盘输入，输出两数相加的结果。

第一步： 任务分析。

根据任务描述，分析实现加法运算的输入、处理和输出分别是：

输入：________________________________

处理：________________________________

输出：________________________________

第二步：绘制流程图要用到的符号。

第三步：绘制流程图。

请选择绘制流程图的软件，完成流程图的绘制。

（1）Visio 软件。

（2）通过访问 Visio 软件官方网站获取在线绘制工具。

第四步：交流分享。

将作品上传到课程平台，完成分享交流。

课后作业

1. 计算机执行的活动循环是？（　　）

   A. I—O—P　　B. I—P—Q

   C. I—P—O　　D. O—I—P

2. 表示流程开始用到的图形。(　　)

   A. 椭圆框　　B. 菱形框

C. 平行四边形　　　　　　　　　　　D. 矩形框

3. 在流程图中，表示输入用到的图形。(　　)

A. 椭圆框　　　　　　　　　　　　　B. 菱形框

C. 平行四边形　　　　　　　　　　　D. 矩形框

4. 在流程图中，表示处理用到的图形。(　　)

A. 椭圆框　　　　　　　　　　　　　B. 菱形框

C. 平行四边形　　　　　　　　　　　D. 矩形框

5. 绘制流程图，接收用户输入的正方形的边长，求正方形的面积和周长。

项目 2　用流程图表示选择逻辑

任务描述

登录智慧职教课程平台，在“证书设置”中可以查看申请证书的条件如下：

要求：用流程图表示申请证书的流程。

技术准备

扫码登录课程平台，完成“常量和变量”的学习。

1. 常量、变量

在上一项目的拓展练习中，计算机在执行加法的过程中，通过键盘输入数字 2 和 3，存储在内存中。在进行加法运算的时候，调用这两个值，输出加法运算结果的时候引用内存中存储的加法结果（数字 5）。计算机需要识别内存中数据的存放位置，以便从内存中将数据读取出来，以及将数据存储到内存中。

使用 number1 来表示数字 2 在内存中存储的位置，使用 number2 来表示数字 3 在内存中存储的位置，使用 sum 来表示加法运算结果在内存中存储的位置。

用户在使用这个加法程序的时候，可能会输入 2 和 3，计算 2+3；也可能输入 4 和 5，计算 4+5。由于用户输入的不同，number1、number2、sum 的值会发生改变，像这样在程序执行过程中，其值可以改变的量称为变量，如图 1.4 所示。在变量中存储的数值，比如 2、3、4、5 这些数字，在程序执行过程中，其值不能被改变的量称为常量。

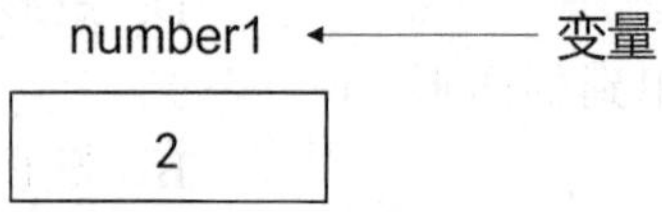

图 1.4　变量 number1 示意图

练一练：

问题：请指出以下哪些是变量，哪些是常量，填写到对应的方格中。

A. 100

B. "Visual Studio"

C. 年龄

D. False

E. 0123

F. 2011-3-9

G. X

H. 3.14159

I. Address

变　量	常　量

变量在使用之前应该先声明。声明变量应该说明变量的名字和数据类型。变量的名字用来定位内存空间，变量的数据类型用来决定内存空间的大小及存放什么数据类型的数据。

变量命名有以下约定：

- 变量名可以包含数字、字母、下划线。
- 变量名的首字母只能是字母和下划线。
- 变量名应该清晰地说明变量的含义。
- 变量名如果由多个单词构成，将每个单词的首字母大写能够提高可读性。

案例 2：用流程图绘制加法。

第一步：列出需要的变量。

第二步： 修改拓展练习中绘制的流程图（见图 1.5）。

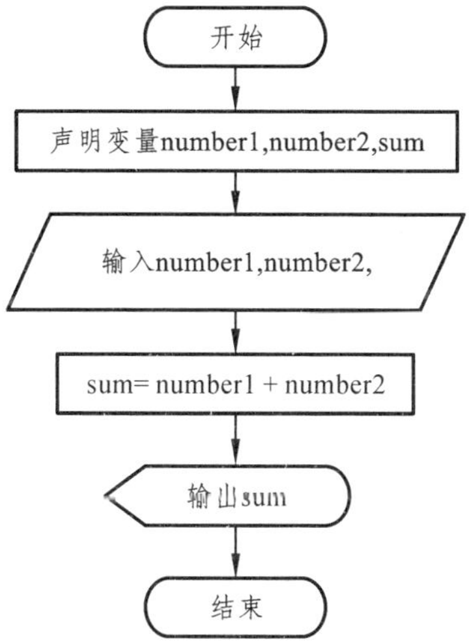

图 1.5　加法流程图

2. 数据类型

扫码登录课程平台，完成“数据类型”的学习。

计算机存储需要的信息，比如项目 1 拓展练习中的加数 2 和 3，它们是由数值构成的。计算机中还可能存储其他信息，比如学生的姓名、性别、班级、籍贯等，它们是由字符构成的。对于不同的数据，应该根据数据需要的存储空间进行分类。将数据分为以下两类：

（1）数值类型。

数值类型包含数值。比如学生的年龄、教师的工资都属于数值类型。数值类型的变量可以进行算术运算。

（2）字符类型。

字符类型包括字母、数字、特殊字符。比如学生的姓名、性别、班级、籍贯等。

思考：学生的电话号码（028-82681234）是数值类型还是字符类型？

在现实生活中，数字被广泛地应用在两种不同的范畴：其一是可以进行算术运算的场景，比如 2 个分数，可以计算和、求平均值等。其二则是那些只用来表示符号的范畴，比如电话号码、车牌号码，把两个电话号码进行相加或相减的操作是没有意义的。基于数字的两种完全不一样的使用范畴，在被抽象到计算机程序语言时，数字就被分为“数值”和“字符”两种类型。

因此，电话号码是由数字组成的，但应该属于字符类型。

3. 运算符

程序执行不止会用到加减乘除，还会涉及比较大小、逻辑判断等。所有计算机语言都为某些预先定义的运算提供了符号，这些称为运算符。常用的运算符有算术运算符、关系运算符、逻辑运算符。

（1）算术运算符。

算术运算符见表 1.2。

表 1.2　算术运算符

运算符号	说明	举例	运算之前变量的值	运算之后变量的值
+	加法	num1=num1+3	6	9
-	减法	num1=num1-3	6	3
*	乘法	num1=num1*3	6	18
/	除法	num1=num1/3	6	2
%	取模/取余	num1=num1%3	6	0

（2）关系运算符。

关系运算符见表 1.3。

表 1.3　关系运算符

运算符号	说明	举例	结果
==	等于	3==5	False
>	大于	3>5	False
>=	大于等于	3>=5	False
<	小于	3<5	True
<=	小于等于	3<=5	True
!=	不等于	3!=5	True

（3）逻辑运算符。

逻辑运算符见表 1.4。

表 1.4　逻辑运算符

运算符号	说明	举例	A 的值	B 的值	结果
AND	逻辑与	A AND B	True	True	True
			True	False	False
			False	True	False
			False	False	False
OR	逻辑或	A OR B	True	True	True
			True	False	True
			False	True	True
			False	False	False
NOT	逻辑非	NOT A	True		False
			False		True

案例 3：绘制流程图，接收学生的程序设计基础、计算机网络技术、数据库技术成绩，

计算出学生的平均成绩。

第一步： 列出需要的变量。

变量名	变量含义
programScore	保存程序设计基础的成绩
networkScore	保存计算机网络技术的成绩
dataBaseScore	保存数据库技术的成绩
avgScore	保存平均成绩

第二步： 绘制流程图（见图 1.6）：

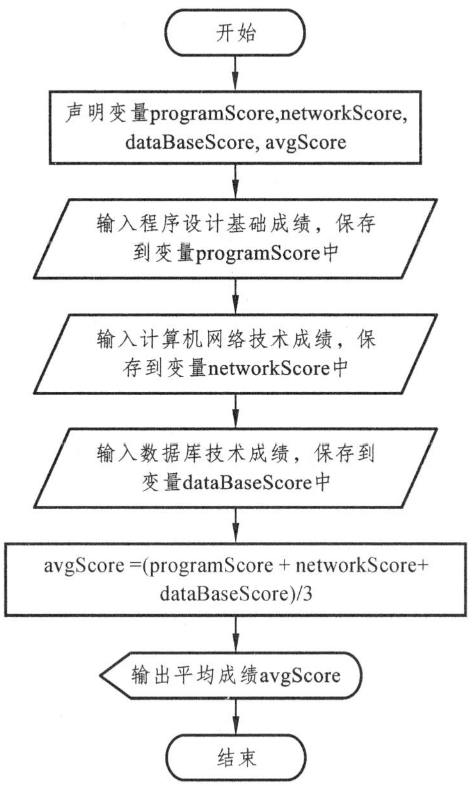

图 1.6　计算学生成绩平均值流程图

4. 用菱形表示判断

菱形框表示条件判断，比如对案例 3 补充功能，在计算出了学生的平均成绩之后，如果平均成绩大于 90 分，并且单科成绩不低于 85，那么该学生被评为优秀学生。像这样需要做出判断、决策的问题，在流程图中用菱形框来表示条件判断，菱形框只有一个输入，但有两个输出，分别表示条件成立或者不成立。

案例 4： 根据评优秀学生条件，根据输入的分数判断是否能评为优秀学生。

第一步： 确定判断条件。

avgScore>90 AND programScore>=85 AND networkScore>=85 AND dataBaseScore>= 85

第二步：判断流程图中需要用到的符号。

符号	说明
	表示流程开始或者结束
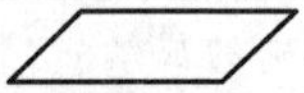	输入框
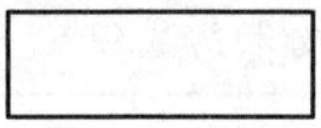	处理框
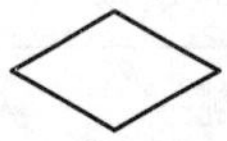	菱形框
	输出框
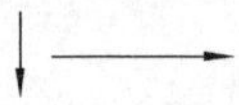	流程线

第三步：绘制流程图（见图 1.7）：

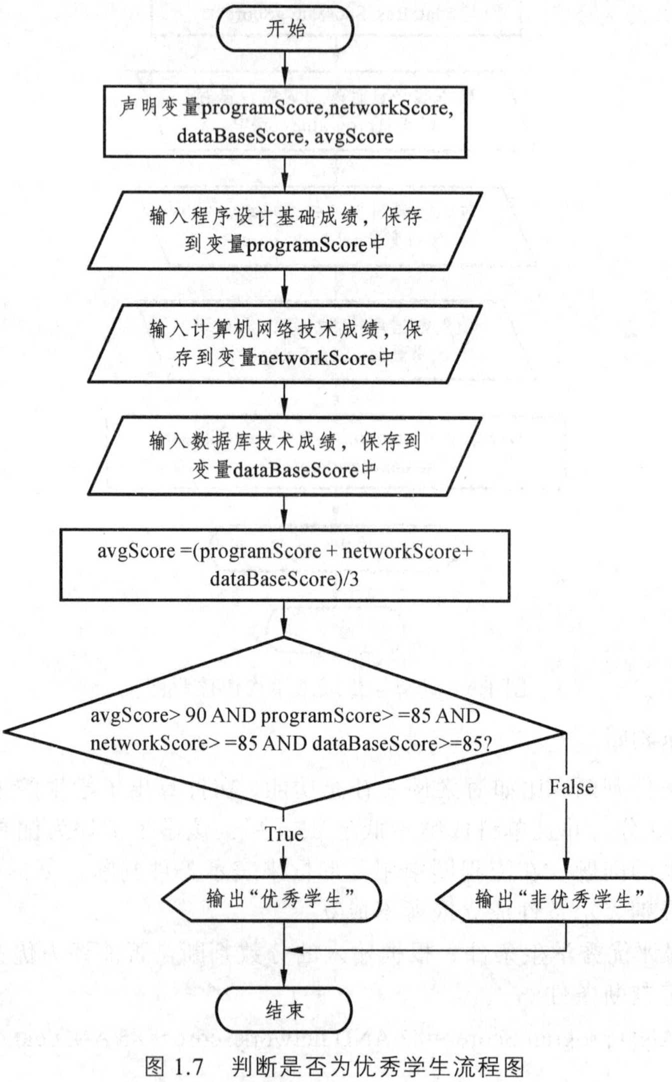

图 1.7　判断是否为优秀学生流程图

5. **使用预检表**

预检表将帮助用户执行逻辑检查并且理解流程图中的控制流程。还可以根据预检表来用样本值分析流程图的执行流程并写出输出结果。使用预检表（见表 1.5）分析图 1.7 的输出。

表 1.5　预检表

programScore	networkScore	dataBaseScore	avgScore	优秀学生
95	90	88	91	是
89	97	93	93	是
86	85	84	85	否
89	94	96	93	是

任务实施

第一步：任务分析。

根据任务描述，分析要申请证书的输入、处理和输出分别是：

输入：______________________________

判断条件：______________________________

输出：______________________________

第二步：绘制流程图要用到的符号。

	表示流程开始或者结束
	输入框
	处理框
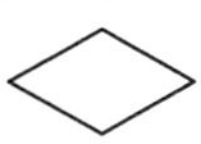	菱形框
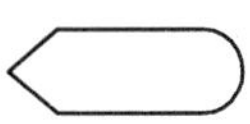	输出框
	流程线

第三步：绘制流程图。

请选择绘制流程图的软件，完成流程图的绘制。

（1）Visio 软件。

（2）通过访问 Visio 软件官方网站获取在线绘制工具。

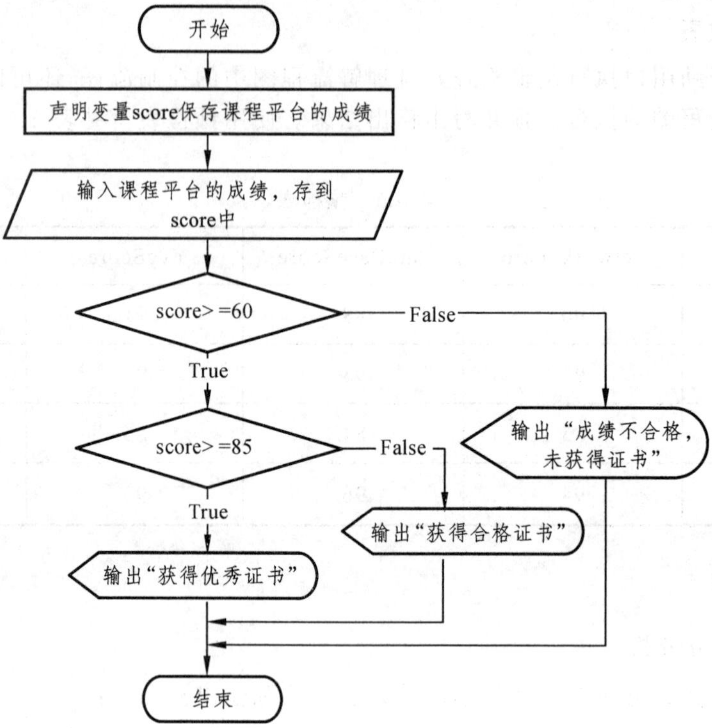

第四步：交流分享。

将作品上传到课程平台，完成分享交流。

拓展练习

问题：请绘制流程图，接收用户输入的年份，判断是否是闰年。

第一步：任务分析。

根据任务描述，分析要判断是否是闰年的输入、处理、输出分别是：

输入：________________

处理：________________

输出：________________

第二步：绘制流程图要用到的符号。

第三步：绘制流程图。

请选择绘制流程图的软件，完成流程图的绘制。

（1）Visio 软件。

（2）通过访问 Visio 软件官方网站获取在线绘制工具。

第四步：交流分享。

将作品上传到课程平台，完成分享交流。

课后作业

1. 在流程图中的矩形和菱形用于表示什么符号？（　　）

   A. 处理、判断

   B. 输入、输出

   C. 处理、输出

   D. 处理、输入

2. 以下哪个是无效变量名？（　　）

   A. abcd

   B. 123

   C. a1b2

   D. this_is_varible

3. 阅读以下流程图，请指出流程图中出现的问题。（　　）

   A. 变量 Choice 应使用值“N”进行初始化

   B. 变量 Val 应当初始化

   C. N 是数值

   D. 变量 Total 应在计算 Total 之后用零重新初始化

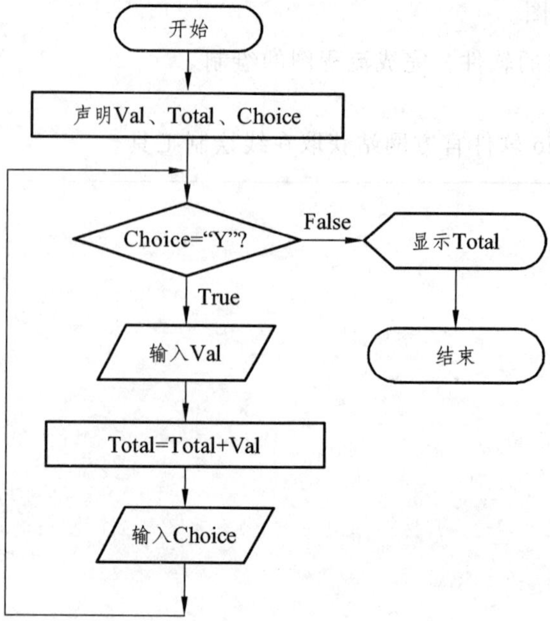

4. 以下哪个表达式能够判断人的年龄在 20 到 30 岁之间？（　　）
   A. 年龄>20 AND 年龄<30
   B. 年龄>20 OR 年龄<30
   C. 年龄>=20 AND 年龄<=30
   D. 年龄>=20 OR 年龄<=30
5. 阅读流程图，回答以下情况的输出是什么？（　　）

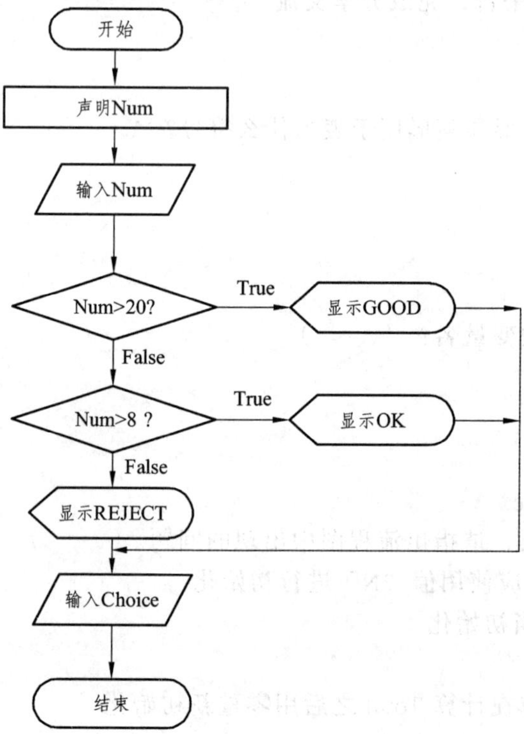

A. Num=35

B. Num=6

C. Num=17

6. 绘制流程图，接收用户输入的数字，判断该数字是否能够被 3 整除。

7. 绘制流程图，接收用户输入的三个数字，按照数值从大到小的顺序显示输入的数字。

项目 3 用流程图表示循环逻辑

任务描述

线上课程学习要求：自主学习包括 PPT、微课视频和相关文档在内的线上任务，学习任务完成后，完成平台测试。如果平台测试没有达到 100 分，再反复学习线上资源，再完成平台测试，直到该任务的平台测试达到 100 分，进入下一个任务的学习。

技术准备

生活中随处可见循环的例子，例如，在 800 m 长跑中，需要围着 400 m 长的跑道重复跑两圈；背诵英语单词时，需要反复读出某个单词或句子，直到熟记为止；当登录课程平台时，输入密码，若密码输错，则需要再次输入，直到输入正确为止。

1. 循环的四个要素

（1）循环的初始条件：开始循环前的准备工作；

（2）循环条件：什么时候循环，什么时候退出循环；

（3）循环体：需要反复执行的操作；

（4）使循环趋于结束的语句：不允许出现死循环。

学习线上课程资源，需要登录课程平台，当登录课程平台时，若密码输错，则循环输入，直到输入正确为止。在这一过程中，循环的四个要素：

循环的初始条件	准备登录课程平台要用到的账号和密码
循环条件	账号或者密码不正确
循环体	登录课程平台 输入账号密码 提交登录请求
使循环趋于结束的语句	输入其他账号和密码

2. 循环的分类

下面考虑这个问题：需要计算 1 到 10 的累加结果。为了解决这个问题，可以声明 10 个变量，分别存储 1 到 10 这 10 个数字。那如果需要计算 1 到 100 的累加结果呢，难道还要去声明 100 个变量来存储这些数字？

分析上述提到的累加，在这个过程中，加法操作是重复执行的，这时可以使用循环这个概念。可以将循环理解为会重复多次的指令序列。

有两种常用的循环：指定循环次数的循环和循环次数未知的循环。

案例 5：绘制流程图，计算 1 到 100 的累加。

第一步：任务分析。

计算 1 到 100 累加和，会用到循环结构，属于循环次数已知的情况。

确定循环的四个要素包括：

循环的初始条件	声明循环变量 num，并赋初值为 1； 声明保存累加和的变量 sum，并赋初值为 0
循环条件	num<=100　或者　num<101
循环体	sum=sum+num
使循环趋于结束的语句	num=num+1

第二步：绘制流程图（见图 1.8）。

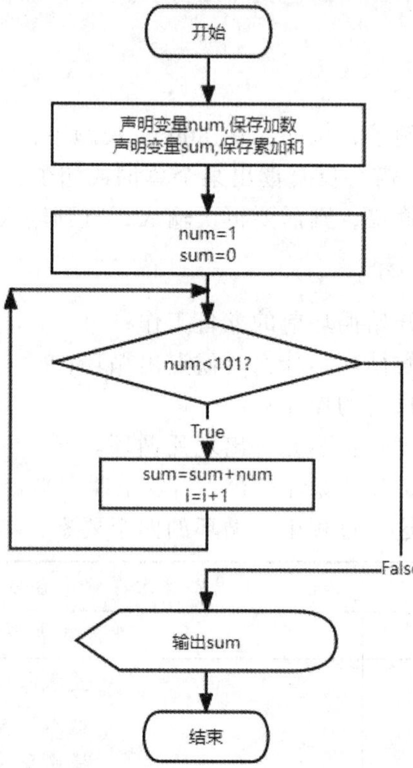

图 1.8　1+2+...+100 的流程图

案例 6：绘制流程图，接收用户输入的小写字母，将其转换为大写字母之后输出，直到用户输入数字 0 为止。

第一步：任务分析。

接收用户输入的小写字母，将其转换为大写字母之后输出，直到用户输入数字 0 为止，会用到循环结构，属于循环次数未知的情况。

确定循环的四个要素包括：

循环的初始条件	声明变量 choice 用于保存是否继续； 声明变量 ch 用于保存键盘输入的字符
循环条件	choice!=0
循环体	键盘输入字符，存放入变量 ch； 如果输入的是小写字母，转换成大写字母； 输出大写字母
使循环趋于结束的语句	重新输入数字，存放到 choice 中

第二步：绘制流程图（见图 1.9）。

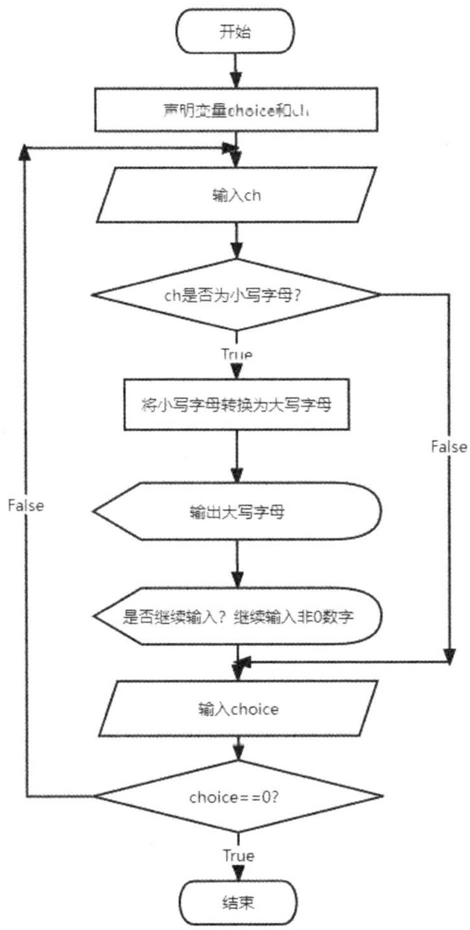

图 1.9　小写字母转换为大写字母流程图

第三步：使用预检表（见表 1.6）计算程序执行结果。

表 1.6　预检表

序号	ch	输出	choice
1	S		1
2	t	T	1
3	9		1
4	a	A	0

任务实施

第一步：任务分析。

根据任务描述，分析要加入课程学习的输入、处理和输出分别是：

输入：____

处理：____

输出：____

第二步：绘制流程图要用到的符号。

第三步：绘制流程图。

请选择绘制流程图的软件，完成流程图的绘制。

（1）Visio 软件。

（2）通过访问 Visio 软件官方网站获取在线绘制工具。

第四步：交流分享。

将作品上传到课程平台，完成分享交流。

拓展练习

任务：请绘制流程图，接收用户输入的 10 个数字，求其乘积，并给出预检表计算程序的输出。

第一步：任务分析。

确定循环的四个要素包括：

第二步：绘制流程图要用到的符号。

第三步：绘制流程图。

请选择绘制流程图的软件，完成流程图的绘制。

（1）Visio 软件。

（2）通过访问 Visio 软件官方网站获取在线绘制工具。

课后作业

1. 阅读流程图，判断预检表的输出结果。（　　）

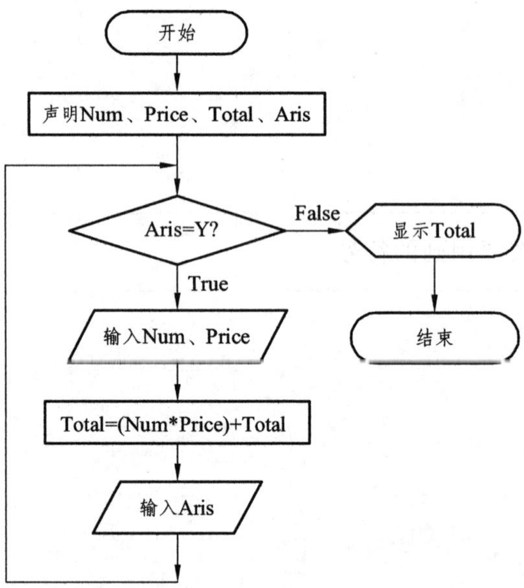

预检表

序号	Num	Price	Total	Aris	输出
1	5	100	500	Y	
2	2	50	600	Y	
3	1	100	700	N	

A. 最后一行中“输出”列为 700

B. 三行的“输出”列分别为 500、600、700

C. 没有输出

D. 最后一行中“输出”列为 1、100、700

2. 绘制流程图，接收用户输入的分数，计算平均得分。用户输入的分数个数不限，直到用户输入“N”为止。

模块二　搭建开发环境

学习目标

完成本学习任务后，应当能够：

- 能正确描述 C 语言的历史、特点；
- 能正确描述 C 语言常用开发环境的优缺点；
- 能正确描述 C 程序的结构。

学习内容

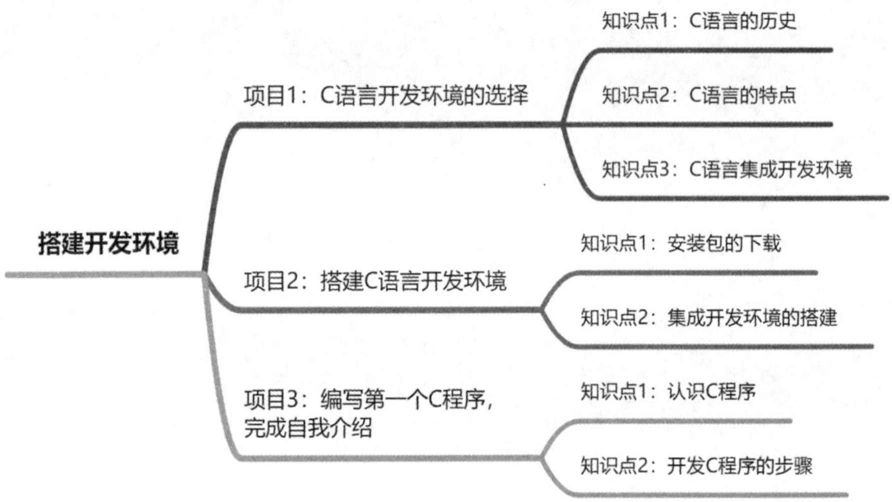

项目 1　C 语言开发环境的选择

任务描述

工欲善其事，必先利其器。开始用 C 语言编写程序解决问题之前，需要先搭建开发环境。通过本任务学习，要掌握 C 语言的发展历史、特点及几种主流的集成开发环境的优缺点，要求能根据实际使用场合选择合适的开发环境。

技术准备

扫码登录课程平台，完成“C 语言的发展历史和特点”的学习。

1. C 语言的发展历史

C语言是为了开发Unix操作系统而发明的，Unix操作系统最早是用汇编语言编写的，高度依赖计算机硬件，不能移植到其他计算机。1969年，美国贝尔实验室（Bell Labs）的Ken Thompson（肯·汤普森）将BCPL语言进行了修改，并取名为B语言，并用B语言写了第一个UNIX系统，Ken Thompson被称为B语言之父。1972年，美国贝尔实验室（Bell Labs）的Dennis Ritchie（丹尼斯·里奇）和Brian Kernighan（布莱恩·柯林汉）在BCPL和B语言的基础上设计出了一种新的语言，取BCPL中的第二个字母为名，这就是大名鼎鼎的C语言，Dennis Ritchie被称为C语言之父。1973年，UNIX的内核和应用程序全部用C语言重写，从此，C语言开始快速流行，并广泛用于各种操作系统和系统软件的开发。

1978 年，Brian Kernighan 和 Dennis Ritchie 出版了一本书，名叫《The C Programming Language》(中文译名为《C 程序设计语言》)。这本书被誉为最权威和经典的 C 语言著作，很多年来被视为 C 语言的非正式的标准说明。

20 世纪 70 到 80 年代，C 语言被广泛应用，从大型主机到小型微机，也衍生了 C 语言的很多不同版本。为了统一标准，1983 年美国国家标准局 (American National Standards Institute，ANSI)成立了一个委员会，来制定 C 语言标准。1989 年 C 语言标准被批准，被称为 ANSI X3.159-1989 “Programming Language C”，这个版本的 C 语言标准一般简称为 C89 标准，也称为 ANSI C。

目前，几乎所有的开发工具都支持 ANSI C 标准。它是 C 语言用得最广泛的一个标准版本。随后，《The C Programming Language》第二版开始出版发行，书中内容根据 ANSI C（C89）进行了更新。

1990 年，国际标准化组织（ISO）批准了 ANSI C 成为国际标准，该标准简称为 C90，因此 C90 和 ANSI C89 标准完全等同。

1999 年，ANSI 和 ISO 通过了最新版本的 C 语言标准和技术勘误文档，该标准被称为 C 99。这是目前关于 C 语言的最新、最权威的标准。

2. C 语言的特点

2022 年 6 月 TIOBE 排行榜显示，C 语言是排名第二的热门语言，如图 2.1 所示。一种编程语言之所以如此受欢迎，说明其有不同于或优于其他语言的特点。C 语言就有以下几个基本特点。

（1）C 语言简洁、紧凑，使用方便、灵活。C 语言一共只有 32 个保留字、9 种控制语句，程序书写形式自由。

（2）C 语言既具有高级语言的特点，又具有低级语言的一些功能。它允许直接访问地址，能进行位（bit）运算，可以直接对硬件进行操作，因此 C 语言既可以开发系统软件也可以开发应用软件。

（3）C 语言是一种结构化程序设计语言，它具有结构化控制语句（if-else、while、do-while、switch、for 等语句）。C 语言用函数作为程序模块，以实现程序的模块化。因此，C 语言十分有利于实现结构化、模块化程序设计。

（4）C 语言的运算符类型丰富。C 语言的运算符包含的范围很广泛，共有 34 种运算符。C 语言把括号、赋值、强制类型转换等都作为运算符处理，从而使 C 语言的运算符类型极其丰富，表达式类型更加多样化。灵活使用各种 C 语言的运算符可以实现在其他高级语言中难以实现的运算。

Jun 2022	Jun 2021	Change	Programming Language	Ratings	Change
1	2	↑	Python	12.20%	+0.35%
2	1	↓	C	11.91%	-0.64%
3	3		Java	10.47%	-1.07%
4	4		C++	9.63%	+2.26%
5	5		C#	6.12%	+1.79%
6	6		Visual Basic	5.42%	+1.40%
7	7		JavaScript	2.09%	-0.24%
8	10	↑	SQL	1.94%	+0.06%
9	9		Assembly language	1.85%	-0.21%
10	16	⇈	Swift	1.55%	+0.44%
11	11		Classic Visual Basic	1.33%	-0.40%
12	18	⇈	Delphi/Object Pascal	1.32%	+0.26%
13	8	⇊	PHP	1.25%	-0.97%
14	23	⇈	Objective-C	1.02%	+0.33%
15	20	⇈	Go	1.02%	+0.07%
16	14	↓	R	0.98%	-0.22%
17	15	↓	Perl	0.76%	-0.41%
18	38	⇈	Lua	0.76%	+0.43%
19	13	⇊	Ruby	0.75%	-0.48%
20	26	⇈	Prolog	0.74%	+0.18%

图 2.1　2022 年 06 月 TOIBE 排行榜

（5）C 语言的数据类型丰富，具有各种数据类型。C 语言的数据类型有：整型、实型、字符型、数组型、指针型、结构体、共用体和枚举型等。它们能用来实现各种复杂的数据结构。因此，C 语言具有很强的数据处理能力。

（6）C 语言程序中可以使用如#define、#include 等编译预处理语句，能进行字符串或特定参数的宏定义，以及实现对外部文本文件的读取和合并，同时还具有#if、#else 等条件编译预处理语句。这些功能的使用有利于提高程序质量和软件开发的工作效率。

（7）C 语言生成的代码质量高。高级语言能否用来描述系统软件，特别是像操作系统、编译程序等，除了决定于语言表达能力以外，还有一个很重要的因素就是该语言的代码质量。实验表明，C 语言代码效率只比汇编语言代码效率低 10%～20%，C 语言是描述系统软件和应用软件比较理想的工具。

（8）C 语言程序的可移植性好。C 语言程序本身不依赖于机器硬件系统，从而便于在硬件结构不同的机种间和各种操作系统中实现程序的移植。

C 语言的优点很多，但也有不足之处，应引起注意。C 语言语法限制不太严格，程序设计时自由度大。例如，对数组下标越界不做检查，由程序编写者自己保证程序的正确。C 语言对变量的类型使用比较灵活。例如，整型与字符型和逻辑型数据可以通用。C 语言允许程序编写者有较大的自由度，放宽了对语法的检查。为此，程序员应当仔细检查程序，保证其正确性，而不要过分地依赖 C 语言编译程序去查错。

3. 几款主流 C 语言集成开发环境

（1）Turbo C。

Turbo C 是由美国 Borland 公司开发的一套 C 语言程序开发工具，在 DOS 系统时代，Turbo C 是被最广泛使用的一种 PC 机应用程序开发工具，集成了编辑、编译、链接等功能。现在大多数都不会使用 DOS 操作系统，因此现在选择 Turbo C 的使用者不多。

（2）Dev C++。

Dev C++是一个免费的 Windows 环境下的 C/C++ 集成开发环境（IDE）。DEV C++具有广泛功能，包括多页面窗口、工程编辑器以及调试器等，在工程编辑器中集合了编辑器、编译器、连接程序和执行程序，提供了高亮度语法显示功能，以减少编辑错误，还有完善的调试功能，是一款适合教学中供 C/C++语言初学者使用的免费的轻量级软件。

官网下载地址：https://bloodshed-dev-c.en.softonic.com/。

（3）Microsoft Visual C++ 2010。

Microsoft Visual C++ 2010 是微软公司推出的一款 Windows 环境下的 C++集成开发环境，对项目管理与配置（包括更好地支持大型项目）、源代码编辑、源代码浏览和调试工具提供强力支持。全国计算机等级考试二级 C 语言使用这个集成开发环境，本书的案例运用这个工具完成。

官网下载地址：https://microsoft-visual-cpp-express.soft32.com/。

任务实施

第一步：选择绘制思维导图的软件。

可以安装思维导图软件或者采用 ProcessOn（免费在线实时协作）绘制思维导图。

访问 ProcessOn 官网，操作界面如图 2.2 所示。

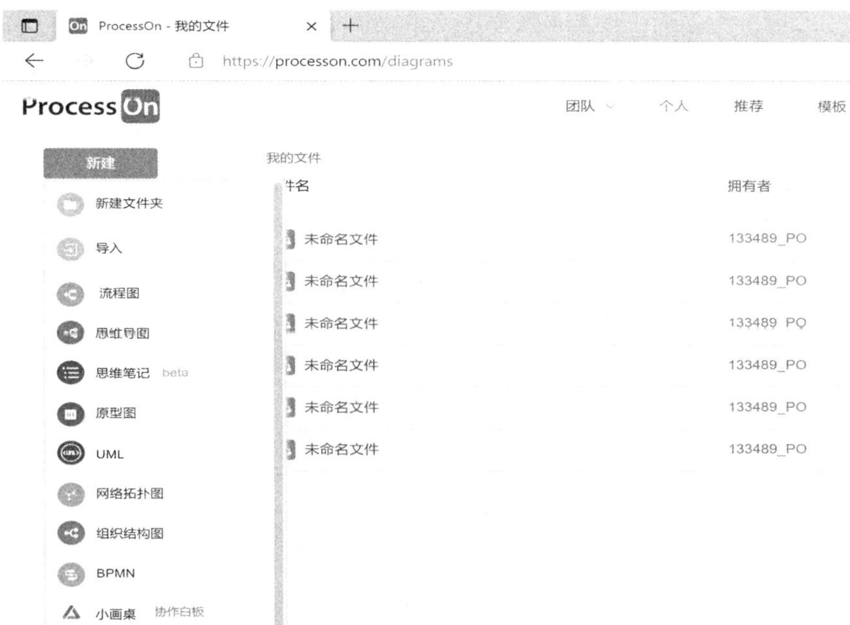

图 2.2 ProcessOn 界面

第二步：用思维导图整理 C 语言的历史、常用 IDE 的优缺点及使用场合。

选择何种绘制思维导图的软件：

第三步：开发环境选择。

对接全国计算机等级考试二级 C 语言科目

最适合的 IDE 是：________________

成果展示

将思维导图导出成图片，并上传到课程平台。
结合小组互评表，完成小组互评。

📖 评价与反思

结合项目的完成情况，各方参照评价指标，客观公正完成评价。

评价表

评价项目		评分标准	分值	评价			总评得分
				自评	互评	师评	
过程性评价	线上资源学习	完成线上资源学习，参与课程讨论	10				
	团队协作	各小组分工合理，能协作开展工作	10				
	解决问题能力	能主动查验资料解决问题	5				
	劳动素养	积极主动完成任务	10				
	职业素养	耐心、细致完成思维导图绘制	5				
结果性评价	是否按计划完成任务	在规定时间内完成任务	15				
	任务完成情况	正确安装 IDE	30				
	展示汇报	清楚、有条理地表达	15				

反思：

<table>
<tr><td rowspan="10">任务
反思</td><td>通过本任务的实现，结合任务完成过程中自己遇到的问题和学习成果评价结果，对任务的完成过程、完成结果进行反思和分析，并提出有效的解决措施</td></tr>
<tr><td>问题 1：</td></tr>
<tr><td>产生原因：</td></tr>
<tr><td>解决办法：</td></tr>
<tr><td>问题 2：</td></tr>
<tr><td>产生原因：</td></tr>
<tr><td>解决办法：</td></tr>
<tr><td>问题 3：</td></tr>
<tr><td>产生原因：</td></tr>
<tr><td>解决办法：</td></tr>
</table>

项目 2　搭建 C 语言开发环境

任务描述

从官网下载集成开发环境的安装包，并完成开发环境的安装。

技术准备

1. 下载 IDE 安装包

第一步：扫码下载 Microsoft Visual C++ 2010 学习版安装软件。

通过智慧职教 APP 扫码加入课程平台，下载 Microsoft Visual C++ 2010 学习版安装软件。

第二步：用解压软件，解压安装文件压缩包，如图 2.3 所示。

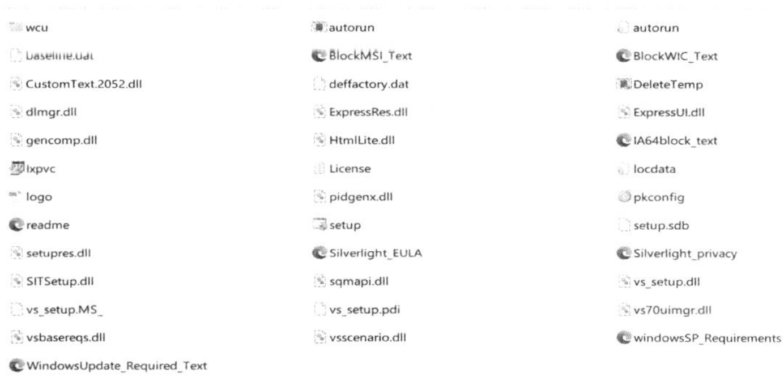

图 2.3　安装包

2. 安装 Microsoft Visual C++ 2010

第一步：点击文件夹中的“setup.exe”文件，开始安装，出现如图 2.4 所示的界面。

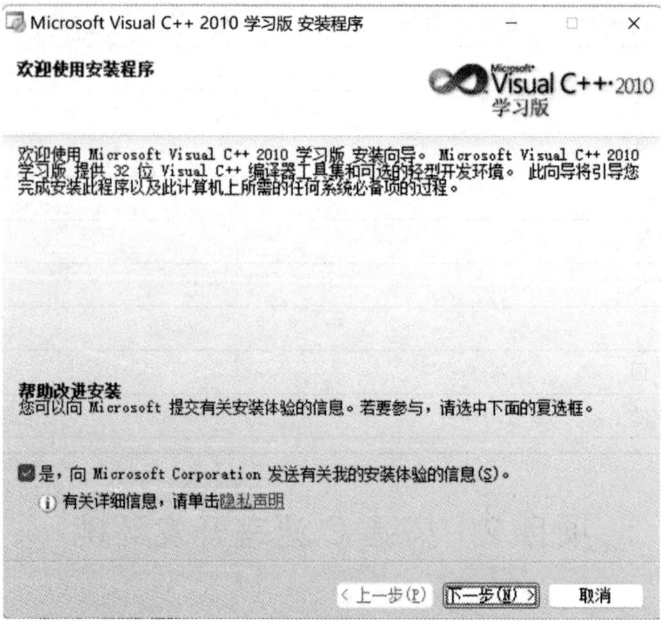

图 2.4　安装界面 1

第二步：勾选“我已阅读并接受许可条款”，并点击“下一步”按钮，如图 2.5 所示。

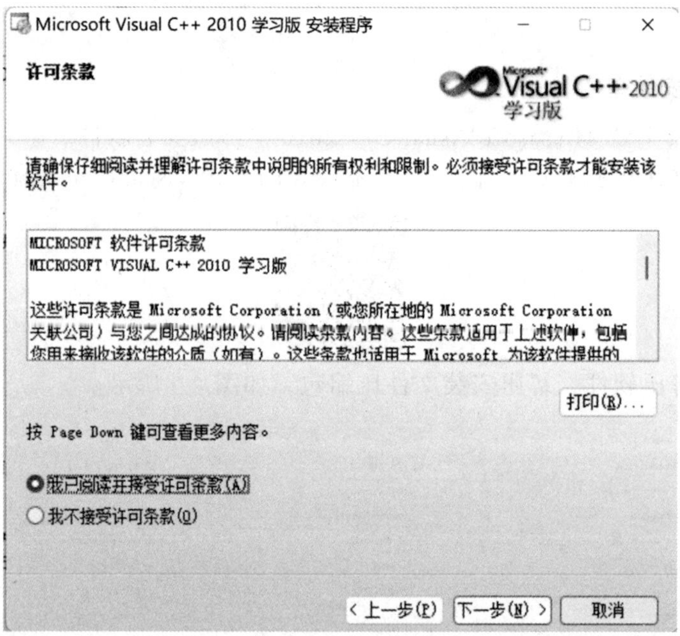

图 2.5　安装界面 2

第三步：设置安装文件的路径，默认为“C:\Program Files (x86)\Microsoft Visual Studio 10.0”，可点击“浏览（R）...”按钮重新设置安装文件路径（建议采用默认路径），点击

“安装”按钮，开始安装，如图 2.6 所示。

图 2.6　选择安装位置

第四步：等待安装，安装完成会出现如图 2.7 所示界面。

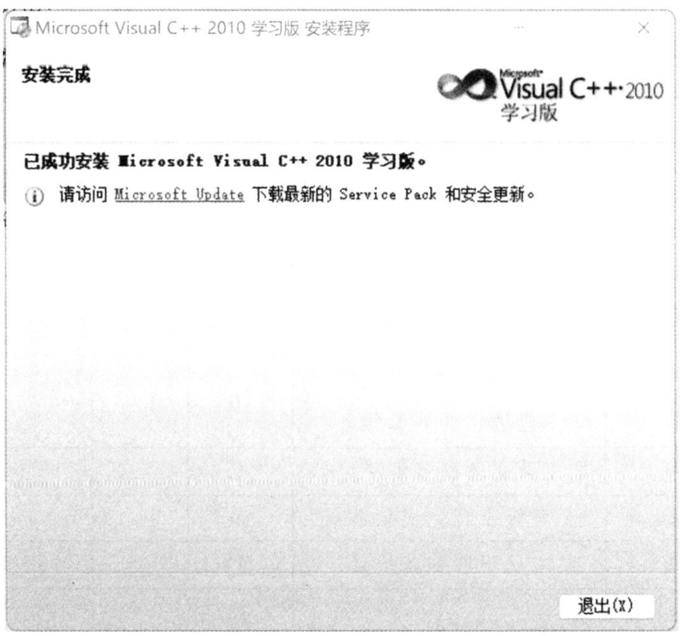

图 2.7　安装完成界面

任务实施

第一步：选择 IDE，并下载安装包。

你选择的 IDE 是：________________

下载 IDE 安装包的途径：________________

第二步： 安装开发环境。

开发环境安装的路径是：________________

原因：________________

____

成果展示

将活页任务单和安装成功截图提交到课程平台。

📖 评价与反思

结合项目的完成情况，各方参照评价指标，客观公正完成评价。

评价表

评价项目		评分标准	分值	评价			总评得分
				自评	互评	师评	
过程性评价	线上资源学习	完成线上资源学习、参与课程讨论	10				
	团队协作	各小组分工合理，能协作开展工作	10				
	解决问题能力	能主动查验资料解决问题	5				
	劳动素养	积极主动完成任务	10				
	职业素养	官网下载安装软件	5				
结果性评价	是否按计划完成任务	在规定时间内完成任务	15				
	任务完成情况	正确安装 IDE	30				
	展示汇报	清楚、有条理地表达	15				

反思：

任务反思	通过本任务的实现，结合任务完成过程中自己遇到的问题和学习成果评价结果，对任务的完成过程、完成结果进行反思和分析，并提出有效的解决措施
	问题 1：
	产生原因：
	解决办法：
	问题 2：
	产生原因：
	解决办法：
	问题 3：
	产生原因：
	解决办法：

项目 3　编写第一个 C 程序，完成自我介绍

任务描述

编写 C 语言程序，通过以下格式输出姓名、学号、爱好完成自我介绍。

姓名：XXX

学号：XXX

爱好：XXXXXXX

技术准备

扫码登录课程平台，完成“第一个 C 程序”的学习。

1. 认识 C 语言程序

案例 1： 程序功能：输出“我即将开启 C 语言学习之门”。

```
#include <stdio.h>
#include <stdlib.h>
/*
功能：输出我即将开启 C 语言学习之门
作者：周老师
```

```
6. 版本：1.0
7. 时间：2021-12-25
8. */
9. void main()
10.{
11.   //输出我即将开启 C 语言学习之门
12.   printf("我即将开启 C 语言学习之门\n");
13.   system("pause");
14.}
```

本程序的输出为：

知识点 1：头文件

在上述程序中，第 1、2 行表示导入 stdio.h 和 stdlib.h 两个头文件。

为什么需要导入头文件？

选中 stdio.h，点击鼠标右键，在弹出的右键菜单中选择“打开文档<stdio.h>”，如图 2.8 所示。打开 stdio.h 后发现里面包含了 printf()函数的定义。

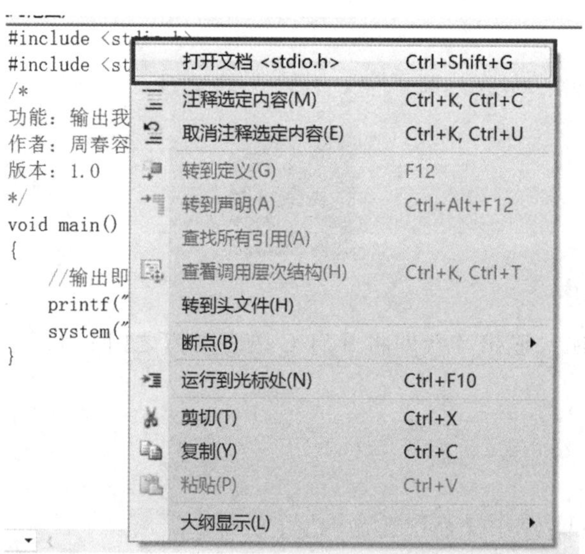

（a）

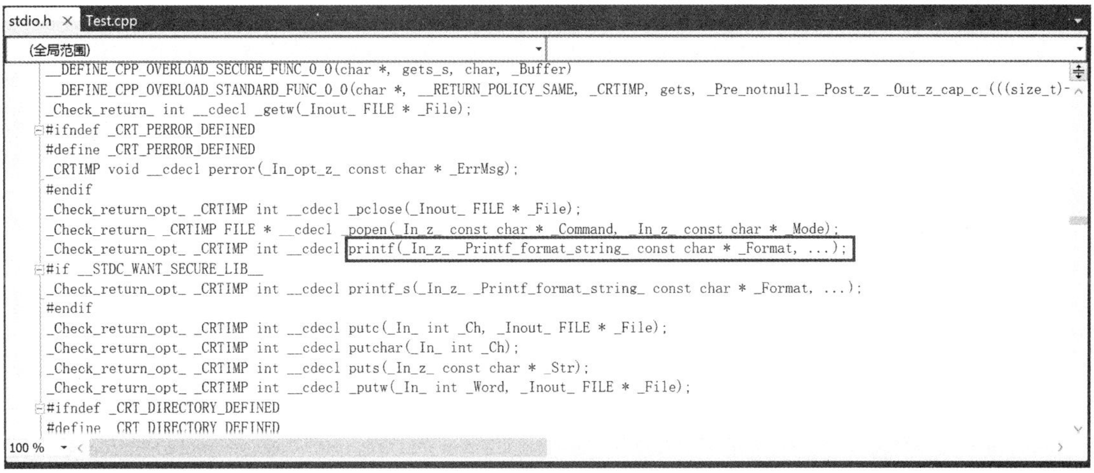

（b）

图 2.8　printf 函数的声明

练一练：

1. 采用上述方法，看看 stdlib.h 文件里是否包含 system()函数呢？

____

____

2. 修改上述代码，将第 13 行：system（"pause"）；删掉，再运行程序，程序运行结果是：

____

3. 网上查阅资料：

system("pause")的作用______________________________

知识点 2：注释

注释：用于说明解释程序的文字。注释可提高程序的可读性，不影响程序的输出结果，会被编译器直接忽略。C 语言中注释分为单行注释和多行注释。

（1）单行注释。

以//开头，到这一行结束的内容为注释。

（2）多行注释。

以“/*”开头，到“*/”结尾的内容为注释。

```
#include <stdio.h>
#include <stdlib.h>
/*
功能：输出我即将开启 C 语言学习之门
作者：周老师
版本：1.0
时间：2021-12-25
```

```
8. */
9. void main()
10.{
11.    //输出即将开启 C 语言学习之门
12.    printf("我即将开启 C 语言学习之门\n");
13.    system("pause");
14.}
```

练一练：

上述代码：____________________________为多行注释（写代码前的编号）。

____________________________为单行注释（写代码前的编号）。

知识点 3：main 函数

main 表示主函数。每一个 C 语言程序都有且只有一个 main 函数，main 函数的函数体用大括号括起来。C 语言执行的时候从 main 函数开始执行，一直执行到 main 函数结束为止。

在上述程序中，main 函数有两条执行语句：

第 12 行，printf 函数调用语句，该语句用来实现输出，双引号里面的内容按照原样输出，“\n”表示换行，在“我即将开启 C 语言学习之门”之后回车换行。

第 13 行，system 函数调用，该语句功能是实现暂停程序运行，并在屏幕输出“请按任意键继续...”。

Tips 每一个C语言语句都必须用分号“;”结束。上述程序中第12行和第13行后面都有“;”。#include <stdio.h>为预编译命令，不是C语言的语句，因此第1，2行后面不能加“;”。

知识点 4：C 语言程序的特点

（1）C 程序是由 1 个或者多个函数构成的。每个 C 语言程序有且只有一个主函数（main 函数）。

（2）C 语言程序总是从 main 函数开始执行，执行到 main 函数结束为止。而不会关注 main 函数的位置，无论 main 函数在程序的开头，或者是中间，甚至是最后。

（3）C 语言程序的每一条语句都由分号结束，分号是必不可少的。

（4）在 C 语言程序中，注释可以跟在“//”之后或者在“/*”和“*/”之间，注释可提高程序的可读性。

2. 编写 C 程序的步骤

C 语言程序编写按照以下步骤进行：

第一步：编写 C 语言的源程序；

第二步：编译源程序，生成目标文件；

第三步：连接，生成可执行文件；

第四步：执行程序。

C++语言在 C 语言的基础上增加了面向对象的内容，因此用 C++的开发环境完全可以完成 C 语言程序的编写。本书选择 Microsoft Visual C++ 2010 Express 集成开发环境，C++的源程序的扩展名为“.cpp”。

任务实施

第一步：选择“开始”/“所有程序”/“Microsoft Visual C++ 2010 Express”，启动编译环境，弹出如图 2.9 所示的界面。

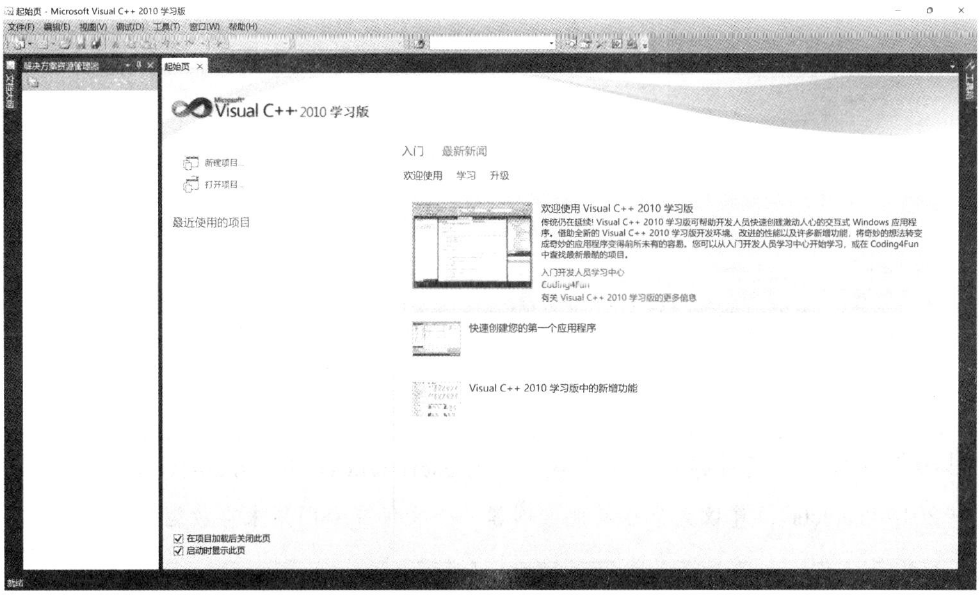

图 2.9　编译环境

第二步：新建 Win32 控制台应用程序。

选择“文件”菜单下面的“新建”选项中的“项目”，如图 2.10 所示。

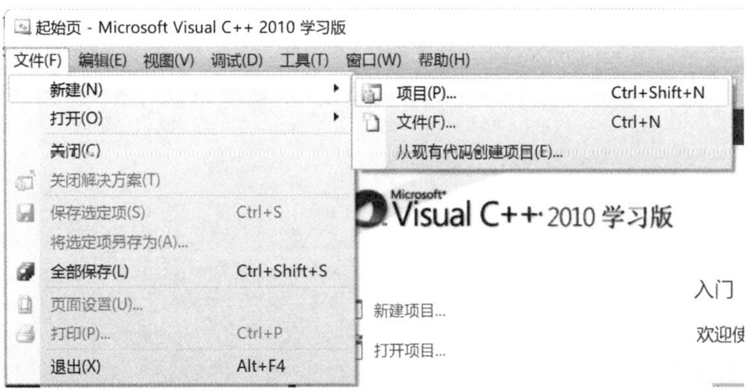

图 2.10　“文件”/“新建”/“项目”

在弹出的“新建项目”窗口中，选中“Win32 控制台应用程序”，在“名称（N）:”

后的文本框中填写项目名称，在“位置（L）”后的下拉列表框中选择项目存放的位置，或者点击“浏览（B）...”按钮选择项目存放的位置，点击“确定”，再根据向导完成项目的创建，如图 2.11~2.14 所示。

图 2.11 “新建”/“Win32 控制台应用程序”向导 1

提示：项目存放位置默认在“c:\users\lenovo\documents\visual studio 2010\Projects”，建议大家在其他盘创建一个文件夹专门用来存放编写的程序。

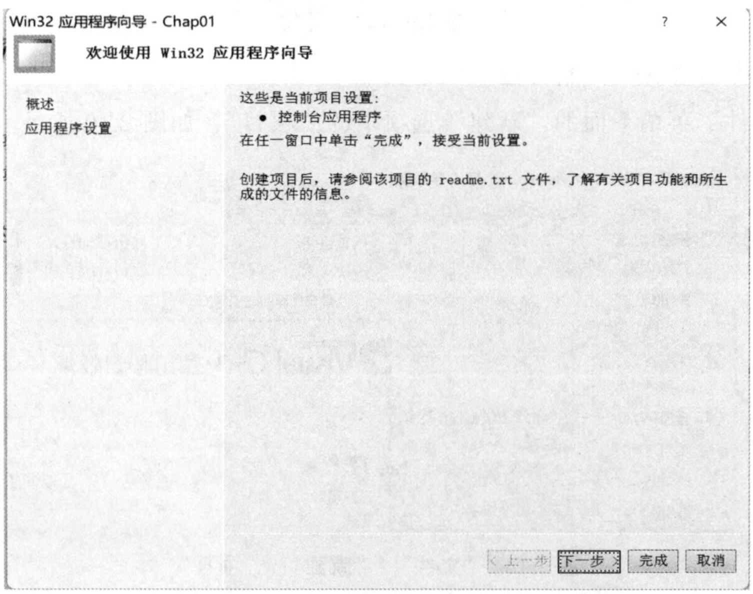

图 2.12 新建“Win32 控制台应用程序”向导 2

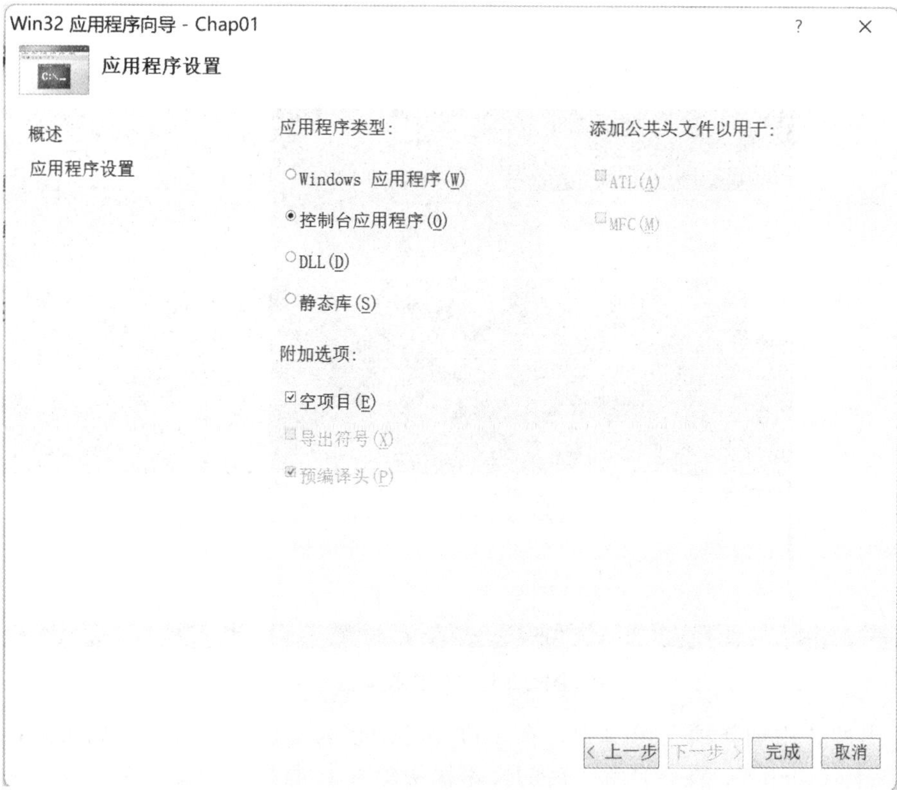

图 2.13　新建“Win32 控制台应用程序”向导 3

图 2.14　解决方案资源管理器

第三步：编写一个 C 语言程序。

在左边“解决方案资源管理器”窗口，单击鼠标右键选择“源文件”，在弹出的右键菜单中选择“添加”/“新建项”，如图 2.15 所示。

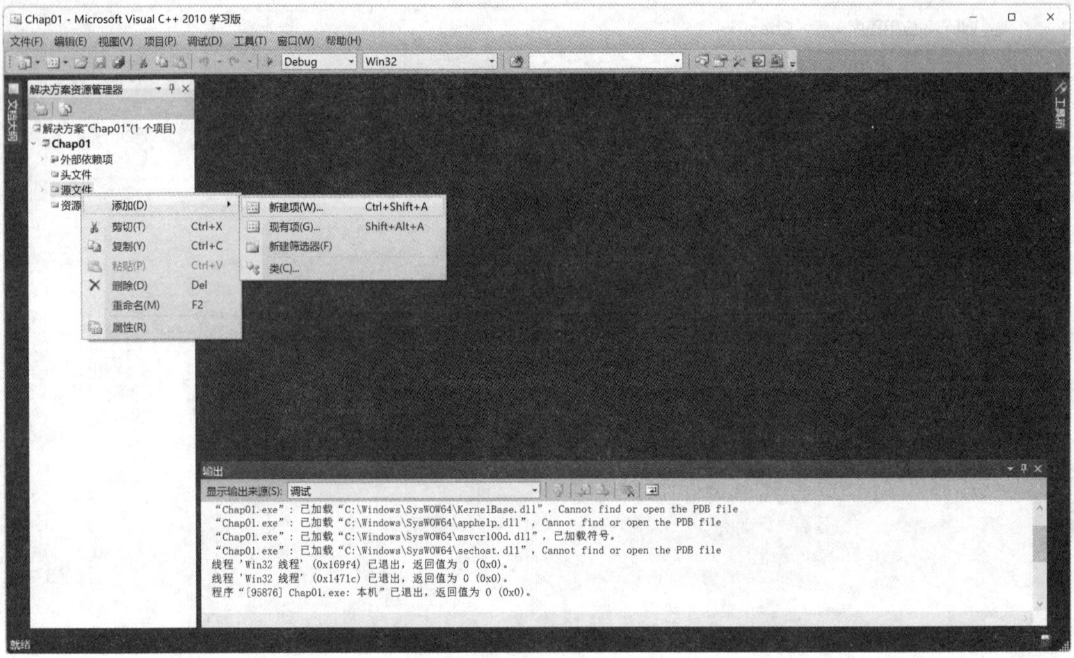

图 2.15　新建源文件

在弹出的"添加新项"窗口中，在左边"已安装的模板"下选择"Visual C++"，选择"C++文件(.cpp)"，在"名称"后的文本框中输入 C 源程序的文件名，再点击"浏览"按钮，如图 2.16 所示。

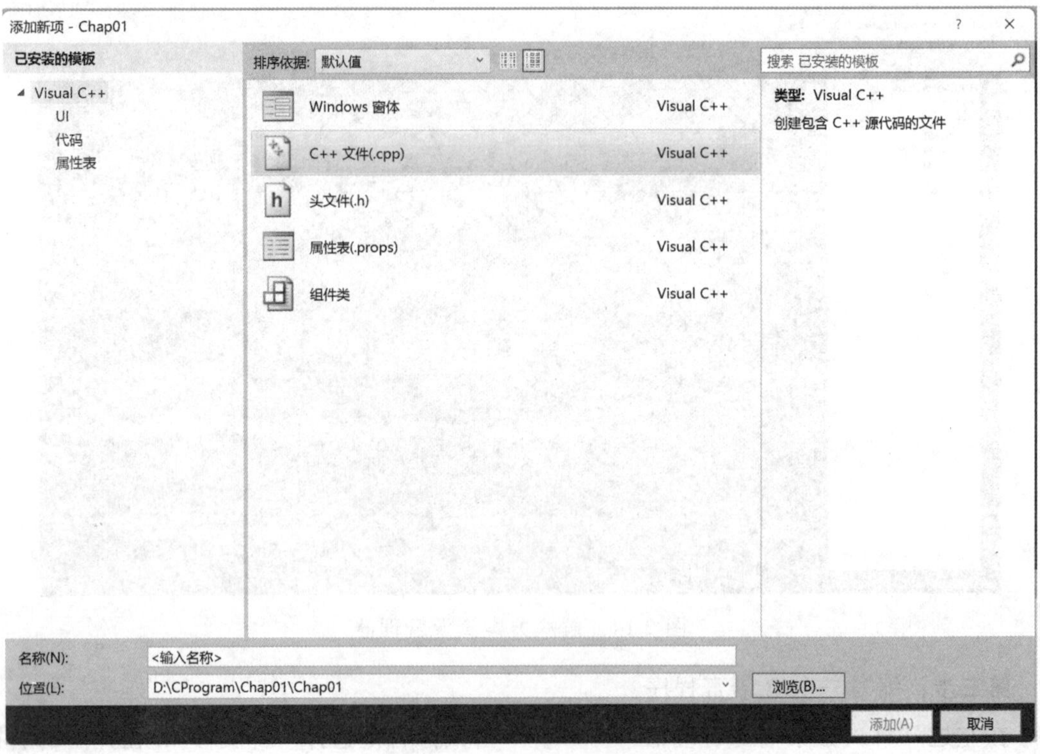

图 2.16　新建 C++源文件

Tips “.cpp”是C++源程序的扩展名，C语言源程序的扩展名为“.c”。

C++是C的超集，既包含C语言的库，还增加了面向对象，因此在C++的开发环境下能完成C语言程序的开发。

在右边编辑框中输入 C 语言的源程序，实现自我介绍功能，如图 2.17 所示。

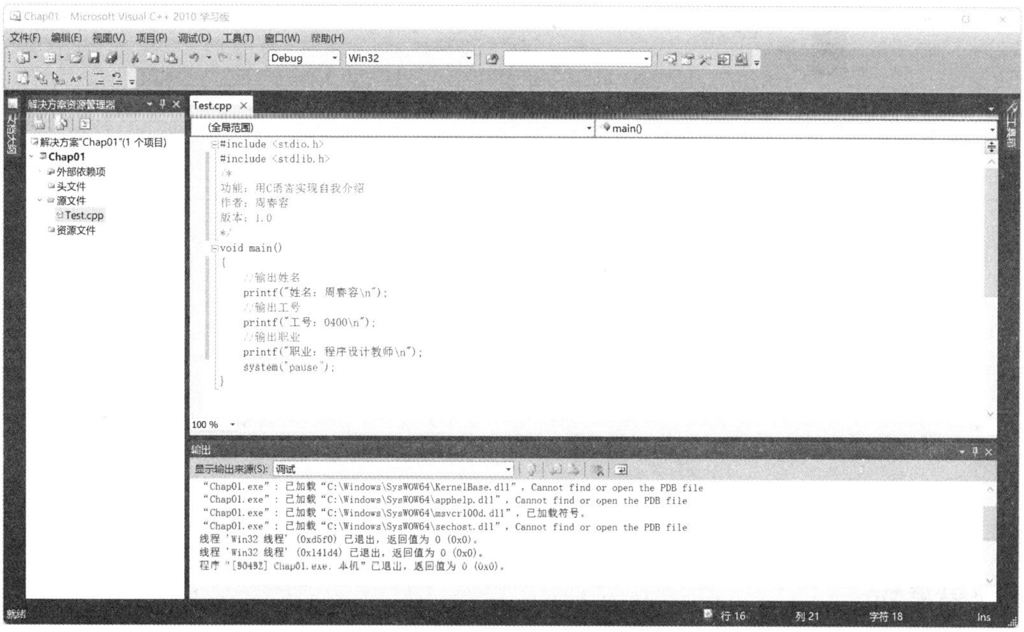

图 2.17　源程序编辑界面

参考上图的自我介绍，按照活页任务单的要求，编写代码实现自我介绍。

将核心代码写在下框中：

第四步：执行程序。

选择“调试” / “启动调试”，如图 2.18 所示，或者通过 F5 键执行程序，查看程序运行结果。

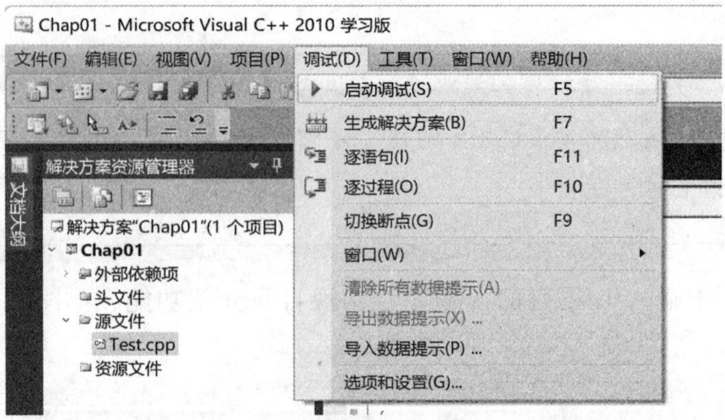

图 2.18 调试程序命令

程序运行结果：

成果展示

将项目源代码提交到课程平台。

评价与反思

结合项目的完成情况，各方参照评价指标，客观公正完成评价。

评价表

评价项目		评分标准	分值	评价			总评得分
				自评	互评	师评	
过程性评价	线上资源学习	完成线上资源学习、参与课程讨论	10				
	团队协作	各小组分工合理，能协作开展工作	10				
	解决问题能力	能主动查验资料解决问题	5				
	劳动素养	积极主动完成任务	10				
	职业素养	代码编写规范、程序输出友好	5				
结果性评价	是否按计划完成任务	在规定时间内完成	10				
	任务完成情况	按任务要求完成自我介绍	30				
	任务拓展情况	功能创新	10				
	展示汇报	清楚、有条理地表达	10				

反思：

<table>
<tr><td rowspan="10">任务反思</td><td>通过本任务的实现，结合任务完成过程中自己遇到的问题和学习成果评价结果，对任务的完成过程、完成结果进行反思和分析，并提出有效的解决措施</td></tr>
<tr><td>问题 1：</td></tr>
<tr><td>产生原因：</td></tr>
<tr><td>解决办法：</td></tr>
<tr><td>问题 2：</td></tr>
<tr><td>产生原因：</td></tr>
<tr><td>解决办法：</td></tr>
<tr><td>问题 3：</td></tr>
<tr><td>产生原因：</td></tr>
<tr><td>解决办法：</td></tr>
</table>

拓展练习

问题 1：参照案例 1，编写一个 C 语言程序，输出以下信息：

```
* * * * * * * * * * * * * * * * * * * * * * * * * * * *
                    BEST
* * * * * * * * * * * * * * * * * * * * * * * * * * * *
```

问题 2：参照案例 1，编写一个 C 语言程序，接收用户输入的三个数字，输出其中最大的数字。

课后作业

1. C 语言的主要用途是什么？
2. 与其他高级语言相比，C 语言有何异同？
3. C 语言以函数为程序的基本单位，有什么优点？

模块三　程序设计的三种基本结构

学习目标

完成本学习任务后，应当能够：

- 理解常量和变量的用法；
- 熟练使用各种不同的数据类型；
- 熟练使用运算符；
- 熟练使用输入输出函数。

学习内容

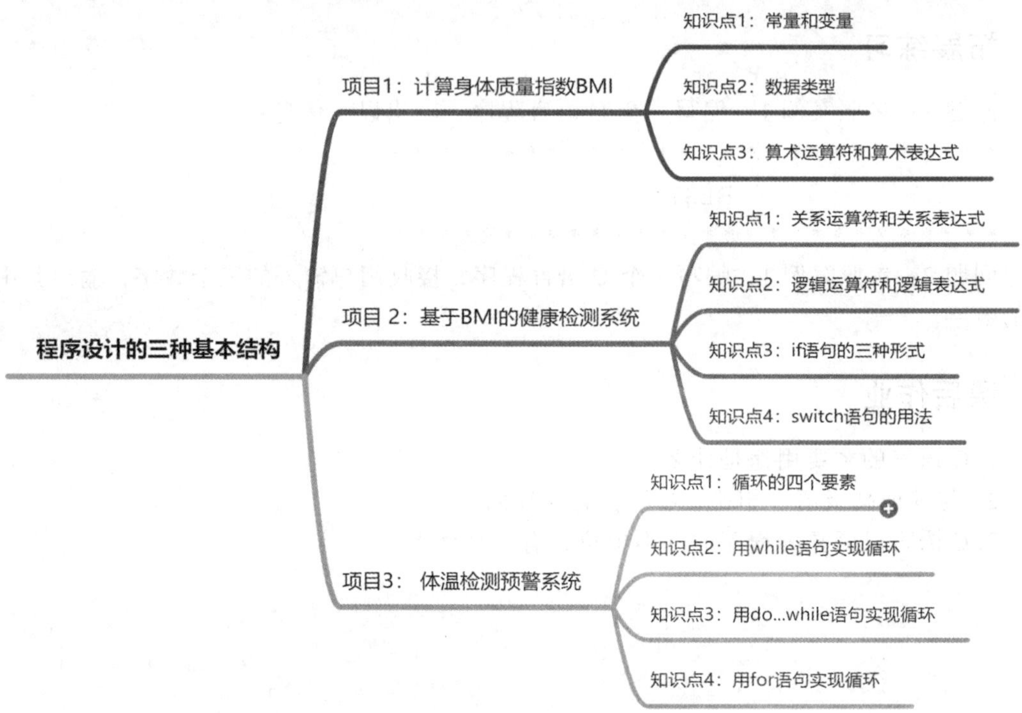

项目 1　计算身体质量指数 BMI

任务描述

BMI 指数是身体质量指数（简称体质指数），是国际上常用的衡量人体胖瘦程度以及是否健康的一个标准，由 19 世纪中期的比利时通才凯特勒最先提出。

计算公式为：BMI=体重÷身高 ^{2}（体重单位：kg，身高单位：m）

要求：编写程序，实现键盘输入体重和身高，计算并输出 BMI 值。

技术准备

一、常　量

扫码登录课程平台，完成“常量”的学习。

知识点 1：常量的定义

在程序运行过程中，值不能够被改变的量称为常量。

知识点 2：常量的分类

常量分为字面常量和符号常量。

1. 字面常量

123、45.67、'd'，这些都是字面常量，字面常量按照数据类型分为：

（1）整型常量。

十进制整型常量：由数码 0-9 组成，不能以 0 开头。示意如表 3.1 所示。

表 3.1　十进制整型常量示意

十进制整型常量	是否合法	原　因
123	☑合法 ☐不合法	
789	☑合法 ☐不合法	
089	☐合法 ☑不合法	十进制整型常量不能以 0 开头
018	☐合法 ☑不合法	十进制整型常量不能以 0 开头
12A	☐合法 ☑不合法	十进制整型常量只能由数码 0-9 组成，不能包含有 A
1AB	☐合法 ☑不合法	十进制整型常量只能由数码 0-9 组成，不能包含有 AB

八进制整型常量： 由数码 0-7 组成，以 0 开头。比如：013,065 是合法的，089,018 则不合法，示意如表 3.2 所示。

表 3.2　八进制整型常量示意

八进制整型常量	是否合法	原　因
013	☑合法 ☐不合法	
065	☑合法 ☐不合法	
089	☐合法 ☑不合法	八进制整型常量由数码 0-7 组成，089 中的 8、9 超出了八进制整数数码的表示范围
12	☐合法 ☑不合法	八进制整型常量要以 0 开头

十六进制整型常量：由数码 0-9，A-F（a-f）组成，以 0x 开头。比如：0x1234,0xF12,0xA1

是合法的十进制整型常量，0x13dfg，0x89q 则是不合法的。

（2）实型常量。

实型常量有两种表示形式，分别是小数形式和指数形式。

小数形式：比如：12.3,67.9,0.123,12. ，.987 都是合法的。

指数形式：由数字和 E(e)构成，E(e)的前后必须都要有数字，E(e)前面的数字可以是整数或者小数，,E(e)后面的数字只能是整数。

比如：12E-3 ，0.13e2 是合法的。

0.12E1.4, 12E, e34 都是不合法的。

一个实数可以有很多种的指数形式，其中只有一种是“规范化的指数形式”，即在字母 e 之前的小数部分中，小数点左边有且只有一位非零的数字。

练一练：

问题：请判断以下哪个指数形式是实数 1234.5678 的“规范化的指数形式”表示？(　　)

A. 1234.5678e0

B. 123.45678e1

C. 12.345678e2

D. 1.2345678e3

E. 0.12345678e4

F. 0.012345678e5

G. 0.0012345678e6

（3）字符型常量。

C 语言中字符常量是使用单引号括起来的一个字符，如'a'、'b'、'A'、'?'。C 语言中的字符编码采用的是 ASCII 码，ASCII 码占一个字节（8 位），因此一个字符常量占 1B。

请注意，'a'和'A'是两个不同字符常量。

除了以上形式的字符常量之外，C 语言还允许使用一种特殊形式的字符常量，即转义字符。转义字符是以“\”开头的字符，如“\n”，该字符表示换行。常见转义字符见表 3.3。

表 3.3　转义字符

字符形式	含　义
\n	换行，将当前位置移到下一行的开头位置
\t	水平向右跳到下一个 tab 位置
\b	退格，将当前位置移回到前一列的位置
\r	回车，将当前位置移到本行的开头位置
\f	换页，将当前位置移到下一页的开头位置
\\	反斜杠符号 \
\'	单引号 '
\"	双引号 "
\ddd	1 到 3 位由八进制数所代表的字符
\xhh	1 到 2 位由十六进制数所代表的字符

（4）字符串常量。

字符串常量是由双引号括起来的单个字符或多个字符。如"abc"、"program"。

提示：'a'表示字符常量，"a"表示字符串常量。

在 C 语言中，存储字符常量和字符串常量时是不相同的。C 语言规定：在每一个字符串的结尾位置添加一个“结束标识(\0)”，告诉系统字符串是否结束。"a"的长度是 2，而不是 1，最后一个字符是'\0'。因此，给字符变量 c 赋值'a'是正确的，而给字符变量 c 赋值"a"是错误的。不能够将一个字符串常量赋值给一个字符型的变量。

" "：包含 0 个字符，又叫空字符串或者空串。

内存中的存放示意图：

\0

占 1 个字节。

"A"：包含 1 个字符。

内存中的存放示意图：

A	\0

占 2 个字节。

"asfj2\'3\'4\\54"：包含 12 个字符。

内存中的存放示意图：

a	s	f	j	2	'	3	'	4	\	5	4	\0

占 13 个字节。

练一练：

问题：有字符串常量"STUDENT"，绘制该字符串常量在内存中的存储形式。

2. 符号常量

符号常量是使用标识符代表一个常量。用#define 来定义的常量。

比如：#define PI 3.14159　　//PI 表示的就是 3.14159

符号常量名通常都是大写，做到见名知意，通常不会以分号结尾。

案例 1：计算圆的面积和周长

使用符号常量表示圆周率。

第一步：确定需要使用符号常量表示的内容。

第二步：输入以下程序。

```
#include <stdio.h>
#include <stdlib.h>
//定义符号常量 PI，值为 3.14
#define PI 3.14
void main()
{
    short a;
    long b;

    //声明两个 float 类型的变量 r 和 area，分别保存圆的半径和面积
    float r,area;
    //为变量 r 赋值为 3
    r=3;
    //计算圆的面积
    area=PI*r*r;
    //输出圆的面积
    printf("area=%f\n",area);
    system("pause");
}
```

第三步：测试并验证程序运行结果。

Tips **提示**：程序中使用#define命令行定义PI代表常量3.14，此后，凡是本程序中出现的PI都代表3.14，当作常量进行运算。

二、变量

扫码登录课程平台，完成“变量”的学习。

在程序运行过程中，值能够被改变的量称为变量。变量有变量名，在内存中占据一定的存储单元。该存储单元的内容为变量的值。变量示意如图 3.1 所示。

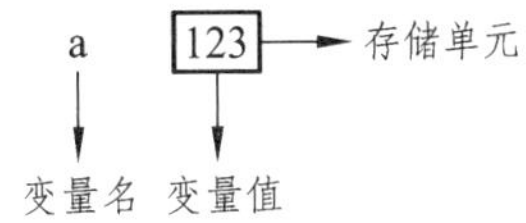

图 3.1　变　量

C 语言规定，变量名可以由数字、字母、下划线构成，第一位必须是字母或下划线。变量名区分大小写，不能与关键字相同。

练一练：

问题：请指出下列变量名，哪些是合法的？哪些是非法的？

A. sum

B. _average

C. Total

D. a>b

E. 123

F. teacher

G. M.D.John

H. 3E4F5G

I. $987

合法的：＿＿＿＿＿＿＿＿＿＿＿＿＿＿＿＿＿＿＿＿＿＿＿＿

非法的：＿＿＿＿＿＿＿＿＿＿＿＿＿＿＿＿＿＿＿＿＿＿＿＿

Tips　**提示：**C语言中，要求对所有使用的变量做强制定义，即“先定义，后使用”。定义变量时需要指明变量的数据类型，关于数据类型从下一节开始介绍。

三、数据类型

扫码登录课程平台，完成“数据类型”的学习。

数据结构是指相互之间存在一种或多种特定关系的数据元素的集合。数据结构中的每一个数据元素都有一个确定的数据类型，C 语言中包含的数据类型如图 3.2 所示。

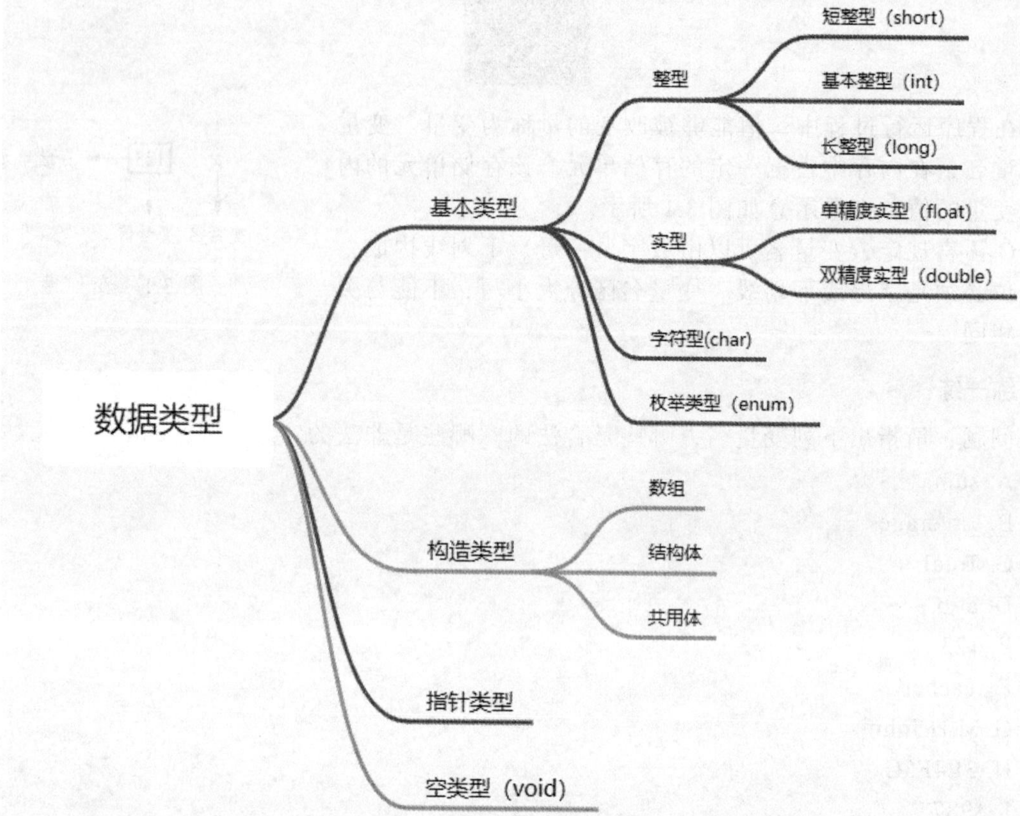

图 3.2　C 语言的数据类型

不同数据类型所占字节数不同，表示范围也不同。相同数据类型，编译器不同，所占字节数也可能不同。C 语言提供了 sizeof()运算符，用于计算一个变量、常量或者数据类型所占字节数。

比如：

sizeof(int)：计算数据类型 int 所占字节数。

sizeof(12)：计算 12 所占字节数。

sizeof(a)：计算变量 a 所占字节数。

1. 整型数据

（1）整型常量。

整型常量即整常数。C 语言中整型常量可用以下三种形式表达：

十进制整型常量：由数码 0-9 组成，不能以 0 开头。比如：123、-123、0。

八进制整型常量：由数码 0-7 组成，以 0 开头。比如：0123、-0123，以 0 开头表示八进制数。

十六进制整型常量：由数码 0-9，大小写字母 A-F（a-f）组成，以 0x 开头。比如：0x123、-0xABC，以 0x 开头表示十六进制数，A、B、C、D、E、F 分别对应十进制数 10、11、12、13、14、15。

（2）整型变量。

案例 2：使用整型变量。

第一步：定义整型变量 i。

```
int i;
```

第二步：为整型变量 i 赋初值 100。

```
i=100;
```

第三步：绘制整型变量 i 在内存中的存储形式。

第 1 个字节	第 2 个字节	第 3 个字节	第 4 个字节							
00000000	00000000	00000000	0	1	1	0	0	1	0	0

Tips **提示：**数据在内存中都是以二进制形式存储的，首先需要将十进制100换算成二进制。其次，数据是以补码形式存储的，需要将二进制源码转化为补码。正数的补码和源码形式相同。负数的补码按照以下方式求得：将该数字的绝对值的二进制形式按位取反再加1。

练一练：

问题：为整型变量 i 赋初值-100，绘制整型变量 i 在内存中的存储形式。

第一步：声明整型变量 i。

____

第二步：为变量 i 赋初值为-100。

____

第三步：绘制整型变量 i 在内存中的存储形式。

原码：______________________________

反码：______________________________

补码：______________________________

第 1 个字节								第 2 个字节								第 3 个字节								第 4 个字节							

在案例 2 中，使用了 int 定义整型变量。根据数值的范围，整型可分为基本整型、短整型、长整型。

基本整型，使用 int 表示。

短整型，在 int 前面加上 short，使用 short int 表示，或直接使用 short 表示。

长整型，在 int 前面加上 long，使用 long int 表示，或直接使用 long 表示。

对以上三种整型都可以加上修饰符“unsigned”，表示“无符号”类型。加上“signed”，表示“有符号”类型。缺省情况表示有符号。整型变量见表 3.4。

表 3.4　整型变量

类　型	比特数	取值范围	说明
[signed] int	32	−32768 ~ 32767	整型
unsigned int	32	0 ~ 65535	无符号整型
[signed] short [int]	16	−32768 ~ 32767	短整型
unsigned short [int]	16	0 ~ 65535	无符号短整型
[signed] long [int]	32	−2147483648 ~ 2147483647	长整型
unsigned long [int]	32	0 ~ 4294967295	无符号长整型
[signed] long long [int]	64	−9223372036854775808 ~ 9223372036854775807	C99 标准中增加的数据类型
unsigned long long [int]	64	0 ~ 18446744073709551615	C99 标准中增加的数据类型

案例 3：计算表达式：32767+1。

第一步：用 C 语言实现编码。

```
#include <stdio.h>
#include <stdlib.h>
void main()
{
    short int i,j,sum;
    i=32767;
    j=1;
    sum=i+j;
    printf("sum=%d\n",sum);
    system("pause");
}
```

第二步：测试并验证程序运行结果。

程序执行结果如下所示：

第三步： 解释出错原因。

提示： 当数据超出数据类型表示的最大范围之后，会出现溢出现象。

试试将变量的类型由short int改为int，再次运行程序，看看程序运行结果是否正确？

2. 实型变量

C 语言实型变量分为单精度（float）、双精度（double）、长双精度（long double）三类。实型变量见表 3.5。

表 3.5　实型变量

类型	比特数	取值范围	有效数字
float	32	$10^{-37} \sim 10^{38}$	6 ~ 7
double	64	$10^{-307} \sim 10^{308}$	15 ~ 16
long double	80	$10^{-4931} \sim 10^{4932}$	18 ~ 19

案例 4： 计算表达式：12345678900 + 200。

第一步： 用 C 语言实现编码。

```
#include <stdio.h>
#include <stdlib.h>
void main()
{
    float a,b;
    a=123456.789e5;
    b=a+200;
    printf("a = %f\n",a);
    printf("b = %f\n",b);
    system("pause");
}
```

第二步：测试并验证程序运行结果。

程序执行结果如下所示：

第三步：解释 BUG 产生原因。

第四步：DEBUG 调试程序。

```
#include <stdio.h>
#include <stdlib.h>
void main()
{
    /*
    float 类型所占字节数为 4 个字节，
    想得到正确答案，需将 float 改为 double*/
    //float a,b;
    double a,b;
    a=123456.789e5;
    b=a+200;
    printf("a = %f\n",a);
    printf("b = %f\n",b);
    system("pause");
}
```

提示：实型数据提供的有效数字是有限的，在有限位之外的数字将会被舍去。舍去之后将产生一些误差。

3. 字符型变量

字符变量用来存放字符常量，一个字符变量只能够存放一个字符常量。

定义形式：char c1, c2;

赋值形式：c1='a', c2='b';

字符变量在存储时，并不是将字符本身放到变量对应的存储单元中，而是将字符变量对应的 ASCII 码保存在存储单元中。如，字符'a'对应的 ASCII 码为 97，c1 在存储单元中保存的是二进制形式表示的 97，即“01100001”。

C 语言中，字符变量的存储形式和整型变量的存储形式形似，因此，字符数据既可以字符形式输出，也可以整型形式输出。根据 ASCII 码的规律，每一个小写字母比它对应的大写字母的 ASCII 码大 32，可以对字符数据进行算术运算，来完成大小写转换。

案例 5：接收用户输入的小写字母，将其转换成大写字母之后输出。

第一步：分析大写字母和小写字母之间的代数关系。

第二步：用 C 语言实现编码，请完善下列程序。

```
#include <stdio.h>
#include <stdlib.h>
void main()
{
   //变量 c1 存放小写字母，变量 c2 存放大写字母
   char c1,c2;
   scanf("%c",&c1);
   c2=c1-32;
   printf("%c\n",c2);
   system("pause");
}
```

第三步： 测试并验证程序运行结果。

四、算术运算符和赋值运算符

扫码登录课程平台，完成“算术运算符和赋值运算符”的学习。

C 语言提供了丰富的运算符。运算符见表 3.6。

按照功能来分主要包括：算术运算符、关系运算符、逻辑运算符、位运算符和赋值运算符等。

按照运算符的操作数的个数分为：一元运算符（单目运算符）、二元运算符（双目运算符）和三元运算符（三目运算符）。

表 3.6 运算符

优先级	运算符	说明	结合方向
1	( )	圆括号	自左至右
	[]	下标运算符	
	->	分量运算符	
	.	分量运算符	
2	!	逻辑非运算符	自右至左
	~	按位取反运算符	
	++	自增运算符	
	--	自减运算符	
	-	负号运算符	
	（类型名称）	数据类型转换运算符	
	*	指针运算符	
	&	地址运算符	
	sizeof	字节运算符	

续表

优先级	运算符	说明	结合方向
3	* / %	算术运算符	自左至右
4	+ -	算术运算符	自左至右
5	<< >>	移位运算符	自左至右
6	> >= < <=	关系运算符	自左至右
7	== ！ =	关系运算符	自左至右
8	&	按位与运算符	自左至右
9	∧	按位异或运算符	自左至右
10	|	按位或运算符	自左至右
11	&&	逻辑与运算符	自左至右
12	||	逻辑非运算符	自左至右
13	？ :	条件运算符	自右至左
14	=	赋值运算符	自右至左
15	,	逗号运算符	自左至右

1. 算术运算符

（1）优先级和结合性。

C 语言规定了运算符的优先级和结合性。在表达式求值的时候，先按照运算符的优先级高低执行，如果在一个运算对象两侧的运算符优先级相同，则按照结合方向处理。如 a+b–c*d/e，乘法、除法优先于加法、减法。乘法、除法同级，按照结合方向，自左至右。加法、减法同级，按照结合方向，自左至右，相当于 a+b–((c*d)/e)。

圆括号也可用来改变运算符的执行顺序，圆括号内的运算优先于圆括号外的运算。使用圆括号时，括号必须配对。

（2）数据类型转换。

如果一个运算符两侧的操作数数据类型不同，则先进行数据类型转换，在数据类型相同之后再进行运算。数据类转换规则如图 3.3 所示。

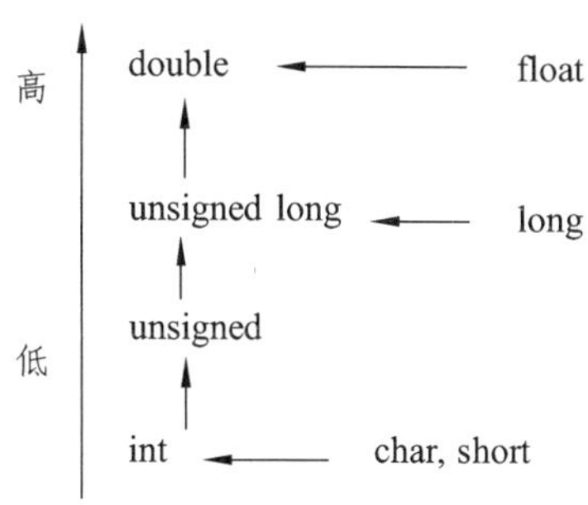

图 3.3　数据类型转换

整型、实型、字符型数据间可以混合计算，但是在计算之前，不同的数据类型需要先转换成同一数据类型，然后再进行运算。

在图 3.3 中，水平方向向左的箭头表示必需的转换，如字符数据、短整型数据在计算之前需要先转换为整型数据，单精度数据在计算之前需要先转换为双精度数据。垂直方向向上的箭头表示当运算对象为不同类型时转换的方向，如，一个 int 类型变量与一个 long 类型变量相加，先将 int 类型变量转换为 long 类型变量，然后完成加法。

> **提示**：箭头方向只表示数据类型的高低级别，并不会先将int类型转换为unsigned类型，再将unsigned类型转换为long类型。

也可以采用强制数据类型转换的方式。一般形式为：(类型名)(表达式)。

> **提示**：(int)x+y：表示将 x 转换为int类型，然后和 y 相加。
> (int)(x+y)：表示将 x+y 的结果转换为int类型。

（3）自增自减运算符

++：使变量的值增 1。

--：使变量的值减 1。

++i，--i：在使用 i 之前，先使 i 的值加 1、减 1。

i++，i--：先使 i 的值加 1、减 1，再使用 i。

> **提示**：自增、自减运算符只能用于变量，不能用于常量和表达式。如 8++，是非法的，因为8是常量，常量的值不能够改变。

2. 赋值运算符

（1）赋值运算符。

在 C 语言中“=”不是表示运算符两边的操作数的值相等，而是赋值运算符，表示将“=”右边一个数据赋给“=”左边一个变量。当赋值运算符两边操作数的数据类型不相同时，需要完成数据类型转换。

语法：

变量= 常量|变量|表达式

注意：=左边不能是常量或者表达式。

（2）数据类型转换。

将实型数据（float、double）赋值给整型变量时，会舍弃实型数据的小数部分。

int num1=3.14;

上述语句会将 double 类型的常量 3.14 中的小数部分去掉，将 3 赋给整型变量 num1。

将整型数据赋值给实型变量时，会以浮点数形式存储在变量对应的存储单元中。

将 double 型数据赋值给 float 变量时，会截取前面的 7 位有效数字，存储到 float 变量对应的存储单元中。请注意数据范围的溢出情况。

将字符型数据赋值给整型变量时，由于字符型数据占用 1 字节存储空间，整型数据占用 2 字节存储空间，因此将字符型数据存储到整型变量的低 8 位，并进行符号扩展。

将 int、short、long 型数据赋值给字符型变量时，只将低 8 位存储在字符型变量对应的存储单元中，完成截断操作。

将带符号的整型数据赋值给 long 型变量时，要进行符号扩展。将 long 型数据赋值给 int 型变量时，只将 long 型数据的低 16 位送给 int 型变量即可。

将 unsigned int 型数据赋值给 long 型变量时，高位需补 0。请注意数据范围的溢出情况。

（3）复合的赋值运算符。

在赋值运算符之前加上其他的运算符，就可以构成复合的赋值运算符，如+=，-=。C 语言规定凡是二元运算符，都可以与赋值运算符一起组合构成复合的赋值运算符。

（4）赋值表达式。

将变量和表达式用赋值运算符连接起来，就构成了赋值表达式。

求解赋值表达式时，先将赋值运算符右边的表达式求出，然后将结果赋值给左边的变量，赋值表达式的值等于被赋值的变量的值。如 c=2，该表达式将 2 赋值给变量 2，表达式的值也为 2。

如 a+=5，等价于 a=a+5，若 a 的初值为 1，执行赋值运算之后，a 的值为 1+5=6。

五、输入和输出函数

C 语言程序运行也遵循 IPO 模型。相对于程序而言，程序接收来自计算机的输入设备（如键盘、鼠标、扫描仪、磁盘等）的数据，称为输入（Input），C 程序经过一系列的函数调用，称为处理（Processing），将程序处理后的结果通过输出设备（如显示器、打印机、磁盘等）输出的数据，称为输出（Output）。标准输入设备为键盘，标准输出设备为显示器。C 语言系统提供了常用的输入输出函数，程序员通过函数调用可以轻松地实现输入和输出功能。

> Tips **提示**：stdio.h的全称“standard input output.header”，中文意思为“标准输入输出头文件”，在C程序的开头加上：#include <stdio.h>，即可在程序中调用系统提供的输入输出函数，实现输入和输出功能。

1. putchar 函数

putchar 函数的作用是向终端输出一个字符。putchar 函数的参数可以是字符型变量也可以是整型变量。如是字符型变量，则输出该字符；如是整型变量，则输出 ASCII 码值为该变量的那个字符。

案例 6：使用 putchar 函数输出 TEACHER。

第一步：根据提示，写出为字符型变量赋值的语句。

方法 1：将一个字符常量赋给字符型变量：

____

方法 2：将字符常量的 ASCII 码赋给字符型变量：

____

方法 3：将一个转义字符赋给字符型变量：

____

方法 4：将一个字符型变量赋给另一个字符型变量：

____

第二步：用 C 语言实现编码。

```
1. #include <stdio.h>
2. #include <stdlib.h>
3. /*
4. 功能：用 putchar()实现输出 TEACHER
5. */
6. void main()
7. {
8.     //定义 7 个字符型变量，用于存放 7 个字母
9.     char ch1,ch2,ch3,ch4,ch5,ch6,ch7;
10.    ch1='T';
11.    ch2='E';
12.    ch3=65;
13.    ch4='\103';
14.    ch5='\x48';
15.    ch6='E';
16.    ch7='R';
17.    putchar(ch1);
18.    putchar(ch2);
19.    putchar(ch3);
20.    putchar(ch4);
21.    putchar(ch5);
22.    putchar(ch6);
23.    putchar(ch7);
24.    system("pause");
25.}
```

分析上述程序，写出下列代码的含义：

第 12 行代码：______________________________

第 13 行代码：______________________________

第 14 行代码：____

第三步：测试并验证程序运行结果。

2. getchar 函数

getchar 函数的作用是从控制台读取一个字符，并在屏幕回显出来，只有当输入回车符，才结束。如果输入的是一个字符串，取该字符串的第一个字符。

getchar 函数没有参数，函数值就是从输入设备得到的字符。

> Tips **提示：**getchar函数只能够接收用户输入的一个字符。

练一练：使用 getchar 函数接收用户的输入。

第一步：在 IDE 中编写以下代码。

```c
#include <stdio.h>
#include <stdlib.h>
/*
功能：用 getchar()接收键盘输入的字符
*/
void main()
{
  char ch1,ch2;
  ch1=getchar();
  ch2=getchar();
  putchar(ch1);
  putchar(ch2);
  system("pause");
}
```

第二步：输入 ab↙，执行程序，写出程序执行结果。

第三步：输入 abcdefg↙，执行程序，写出程序执行结果。

第四步：输入␣a↙，执行程序，写出程序执行结果。

第五步：输入␣abcde↙，执行程序，写出程序执行结果。

3. printf 函数

printf 函数是标准输出函数，其作用是向标准输出设备按**指定格式输出多个数据**。

printf 函数的一般形式为：printf(格式控制字符串，输出列表)。

（1）格式控制字符串中包含格式转换说明和普通字符。

①格式转换说明，由“%”和格式字符组成。如%d、%f 作用是将输出的数据转换为指定的格式输出。格式字符见表 3.7。

表 3.7　格式字符

格式字符	说明
d	输出十进制整数
o	输出八进制整数
x	输出十六进制整数
u	输出 unsigned 型数据，即无符号的十进制数据
c	输出一个字符
s	输出一个字符串
f	输出实数，以小数形式输出
e	输出实数，以指数形式输出
g	输出实数，根据数值大小自动选择 e 或 f 格式

在格式转换说明中，%和上述格式字符之间可以插入以下几种附加修饰符，见表 3.8。

表 3.8　修饰符

修饰符	说明
字母 l	用于长整型数据，可用在格式符 d、o、x、u 前面
m（正整数）	数据最小宽度
n（正整数）	对实数表示输出 n 位小数，对字符串表示截取字符长度
-	输出结果左对齐

②普通字符，即需要按照原样输出的字符，通常为输出结果的说明性的文字，给用户提示。

程序员之锦囊妙计

以用户为中心

（2）输出列表是需要输出的数据，可以是常量、变量、表达式。

使用 printf 函数，格式说明与输出列表的个数要相等，从左到右在类型上也必须一一对应匹配，不匹配则会导致错误。如需要输出“%”，则应该在格式字符串中使用两个百分号“%%”。

案例 7： 使用 printf 函数输出字符串。

第一步： 用 C 语言实现编码。

```
#include <stdio.h>
#include <stdlib.h>
void main()
{
    printf("%3s,%7.2s,%.4s,%-5.3s\n","CHINA","CHINA","CHINA","CHINA");
    system("pause");
}
```

第二步：执行程序，写出输出结果。

第三步：分析输出结果。

第一个格式控制符“%3s”中 3 代表输出项的最小宽度，但实际输出项目“CHINA”的长度超过最小宽度 3 时按实际输出，因此输出“CHINA”，格式控制字符串中的普通字符逗号原样输出。

第二个格式控制符“%7.2s”，7 代表最小宽度，.2 代表从输出项中截取前 2 位字符，实际输出内容小于最小宽度，则在左边补 5 个空格，因此得到输出“CH”。

第三个格式控制符“%.4s”，4 代表从第三个输出项中截取前 4 个字符，因此输出为“CHIN”。

第四个格式控制符“%-5.3s”，5 代表最小宽度，.3 表示从第四个输出项中截取前三个字符，格式控制符中的“-”代表输出不够五位从右边补空格，因此得到输出结果“CHI”。

练一练：

问题：给出以下程序的输出结果。

第一步：在 IDE 中编写以下代码。

```
#include <stdio.h>
#include <stdlib.h>
void main()
{
    float f=1234.5678;
    printf("%f  %10f  %10.2f   %.2f  %-10.2f\n",f,f,f,f,f);
    system("pause");
}
```

第二步：执行程序，写出输出结果。

第三步：分析输出结果。

4. scanf 函数

scanf 函数的作用是从终端按指定格式输入一个或多个数据。

scanf 函数的一般形式为：

scanf(格式控制，地址列表)

注意事项：

（1）格式控制与 printf 函数相同，地址列表是由若干个地址组成的列表，可以是变量的地址，也可以是字符串的首地址。

（2）在格式控制串中，格式说明的个数应该与输入列表项的个数相同，且要类型匹配，如不匹配，会导致错误。

（3）如果在格式控制串中除了格式说明之外还有其他字符，则在输入数据时应该输入与这些字符相同的字符。

（4）在使用“%c”格式输入字符时，空格字符和转义字符都会被视为有效字符。在输入数据时，遇到空格、回车、Tab 键则输入结束。

案例 8：使用 scanf 函数接收用户的输入。

第一步：用 C 语言实现编码。

```
#include <stdio.h>
#include <stdlib.h>
void main()
{
    int a,b;
    printf("请输入两个整数：");
    scanf("%d %d",&a,&b);
    printf("a=%d b=%d\n",a,b);
    system("pause");
}
```

第二步：输入 1␣2↙，执行程序，写出程序执行结果。

第三步：输入 1␣␣␣␣␣2↙，执行程序，写出程序执行结果。

第四步：输入 1，2↙，执行程序，写出程序执行结果。

第五步：输入 1↙
2↙，执行程序，写出程序执行结果。

任务实施

第一步：任务分析。

根据任务描述，确定解决问题要用到顺序结构。

输入：身高和体重。

处理：计算身体质量指数=体重/(身高*身高)。

输出：计算出的身体质量指数。

需要用到的变量：

变量的类型	变量名	备注
double	height	用于保存身高
double	weight	用于保存体重
double	bmi	用于存放身体质量指数

第二步：算法设计如下：

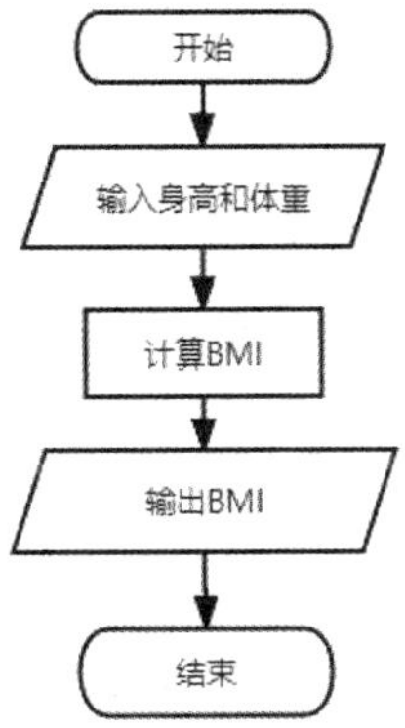

第三步：编码实现。

```
#include <stdio.h>
#include <stdlib.h>
/*
功能：根据输入的身高和体重，计算身体质量指数 BMI。
     身体质量指数=体重/（身高*身高）（体重单位：kg，身高单位：米）
时间：2022 02-13
作者：周老师
版本：V1.0
*/
void main()
{
    double weight,height;//weight 保存体重，height 保存身高
    double bmi;
    printf("请输入身高，单位(米):");
    scanf("%f",&height);
    printf("请输入体重，单位(千克):");
    scanf("%f",&weight);
    bmi=weight/(height*height);
    printf("身高%.2f 米，体重%.2f 千克，身体质量指数 BMI 为：%.2f\n",height,weight,bmi);
    system("pause");
}
```

第四步：运行程序，按要求输入，并记录运行结果。

成果展示

将活页任务单、源代码和程序运行结果提交到课程平台。

📖 评价与反思

结合项目的完成情况，各方参照评价指标，客观公正完成评价。

评价表

<table>
<tr><th colspan="2" rowspan="2">评价项目</th><th rowspan="2">评分标准</th><th rowspan="2">分值</th><th colspan="3">评价</th><th rowspan="2">总评得分</th></tr>
<tr><th>自评</th><th>互评</th><th>师评</th></tr>
<tr><td rowspan="5">过程性评价</td><td>线上资源学习</td><td>完成线上资源学习、参与课程讨论</td><td>10</td><td></td><td></td><td></td><td></td></tr>
<tr><td>团队协作</td><td>各小组分工合理，能协作开展工作</td><td>10</td><td></td><td></td><td></td><td></td></tr>
<tr><td>解决问题能力</td><td>能主动查验资料解决问题</td><td>5</td><td></td><td></td><td></td><td></td></tr>
<tr><td>劳动素养</td><td>积极主动完成任务</td><td>10</td><td></td><td></td><td></td><td></td></tr>
<tr><td>职业素养</td><td>官网下载安装软件</td><td>5</td><td></td><td></td><td></td><td></td></tr>
<tr><td rowspan="3">结果性评价</td><td>是否按计划完成任务</td><td>在规定时间内完成任务</td><td>15</td><td></td><td></td><td></td><td></td></tr>
<tr><td>任务完成情况</td><td>正确计算 BMI</td><td>30</td><td></td><td></td><td></td><td></td></tr>
<tr><td>展示汇报</td><td>清楚、有条理地表达</td><td>15</td><td></td><td></td><td></td><td></td></tr>
</table>

反思：

<table>
<tr><td rowspan="10">任务反思</td><td>通过本任务的实现，结合任务完成过程中自己遇到的问题和学习成果评价结果，对任务的完成过程、完成结果进行反思和分析，并提出有效的解决措施</td></tr>
<tr><td>问题 1：</td></tr>
<tr><td>产生原因：</td></tr>
<tr><td>解决办法：</td></tr>
<tr><td>问题 2：</td></tr>
<tr><td>产生原因：</td></tr>
<tr><td>解决办法：</td></tr>
<tr><td>问题 3：</td></tr>
<tr><td>产生原因：</td></tr>
<tr><td>解决办法：</td></tr>
</table>

拓展练习

从键盘输入圆的半径，计算圆的面积和周长。

第一步：任务分析。

根据任务描述，确定解决问题要用到顺序结构。

输入：______________________________

处理：____

输出：____

需要用到的变量：

变量的类型	变量名	备注

第二步： 算法设计。

第三步： 编码实现。

第四步： 运行程序，按要求输入，并记录运行结果。

课后作业

1. 编程实现：键盘输入矩形的长和宽，计算矩形的面积和周长。
2. 编程实现：键盘输入三角形的边长和高，计算三角形的面积。

项目 2　基于 BMI 的健康检测系统

任务描述

以下是 BMI 中国标准：

BMI 中国标准

分类	BMI 范围
偏瘦	<= 18.4
正常	18.5 ~ 23.9
过重	24.0 ~ 27.9
肥胖	>= 28.0

要求：编程实现，输入身高和体重，计算 BMI 值，对照《BMI 中国标准》并根据 BMI 范围给出健康状况提示。

技术准备

一、关系与逻辑运算符

扫码登录课程平台，完成“关系和逻辑运算符”的学习。

1. 关系运算符

C 语言提供六种关系运算符，见表 3.9。

表 3.9　关系运算符

运算符	说　明
<	小于
<=	小于等于
>	大于
>=	大于等于
==	等于
!=	不等于

用关系运算符将两个表达式连接起来就称为关系表达式。关系表达式的值为逻辑值，即“真”或“假”。

2. 逻辑运算符

C 语言提供三种逻辑运算符：逻辑与（&&）、逻辑或（||）、逻辑非（!）。逻辑表达式

的值是一个逻辑量“真”或“假”。C 语言中，以 0 代表“真”，以非 0 代表“假”。

&&和||运算具有短路特性：

在逻辑表达式的求解中，并不是所有的逻辑运算符都被执行，只有在必须执行下一个逻辑运算符才能求出表达式的值时，才执行该运算符。

（1）a && b && c：只有 a 为真时，才需要判断 b 的值，只有 a 和 b 的值都为真时，才需要判断 c 的值。如果 a 为假，就不判断 b 和 c 的值，因为 a 为假时整个表达式已经为假。如果 a 为真，b 为假，则不判断 c。

（2）a || b || c：只要 a 为真，不需要判断 b 和 c 的值，表达式的值为真。只有 a 为假时才需要判断 b 的值，只有 a 和 b 的值都为假时才需要判断 c 的值。

3. 逗号运算符

逗号运算符用于将表达式连接起来，如 1+2，3+4。

逗号表达式的一般形式为：表达式 1，表达式 2，…，表达式 n。逗号表达式的求解过程是先求解表达式 1，再求解表达式 2，直到求解表达式 n。整个逗号表达式的值是表达式 n 的值。

请注意以下两个表达式，他们的结果是不相同的。

x=(a=3, a*4)

x=a=3, a*4

第一个表达式是一个赋值表达式，将圆括号里的逗号表达式的值赋给变量 x，x 的值为 12。

第二个表达式是一个逗号表达式，x 的值为 3，逗号表达式的值为 12。

二、条件结构简介

条件结构又称为选择结构，是结构化程序设计的三种基本结构之一。

在前面章节中已经学习了使用 scanf 函数输入数据。在用 C 语言解决实际问题时，常常会遇到针对不同的输入数据进行判断，然后给出不同结果的情况。例如：从键盘上输入一个学生某门课程的成绩，如果输入的成绩大于或等于 60，则屏幕上显示“及格”；如果输入的成绩小于 60，则显示“不及格”。像这种根据条件判断来决定输出结果的操作，在 C 语言中通常用条件结构来实现。

C 语言中实现条件结构可以用 if 语句、if-else 语句、if-else if 语句和 switch 语句。

1. if 语句

扫码登录课程平台，完成“if 语句”的学习。

用 if 语句可以构成分支结构。它根据给定的条件进行判断，以决定执行某个分支程序段。C 语言的 if 语句有三种基本形式。

知识点 1：简单 if 语句

（1）语法如下：

```
if(表达式)
    语句 1;
```

（2）执行流程。

执行流程如图 3.4 所示。

（3）使用注意事项。

①表达式一般为逻辑表达式或关系表达式。若表达式的值为 0，按“假”处理；若表达式的值为非 0，按“真”处理。由此可见，表达式类型还可以是算术表达式，甚至可以是任意数值类型的变量、常量。

②在 if 语句中，条件判断表达式必须用圆括号括起来。

③当表达式的值为真时，若要执行的语句不止一条，需要用“{”，“}”将语句括起来。

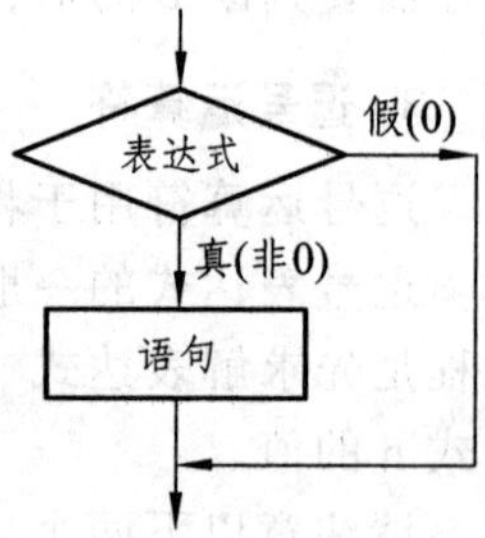

图 3.4 执行流程

案例 9：输入两个实数，按代数值由小到大的顺序输出这两个数。

第一步：识别所要用到的变量、数据类型及其所用到的流程控制语句。

用到的变量及类型：

变量名：num1, num2

变量类型：double

用到的流程控制语句：if 语句

第二步：运用前面所学知识，画出其流程图。

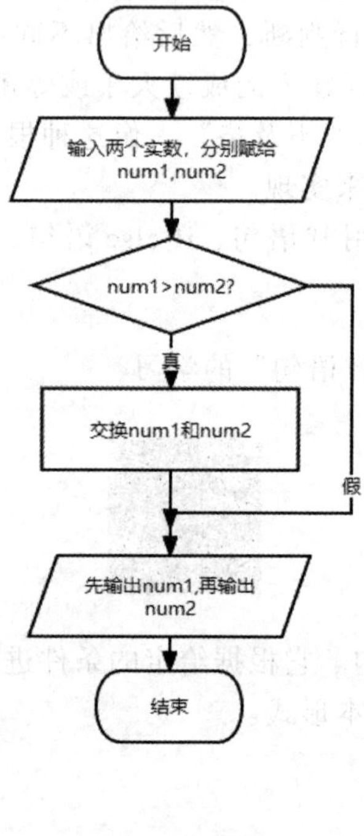

第三步： 用 C 语言编码实现。

```
1. #include <stdio.h>
2. #include <stdlib.h>
3. /*
4. 功能：从小到大输出两个实数
5. 作者：史老师
6. 时间：2022-05-12
7. 版本：1.0
8. */
9. void main()
10.{
11.    float num1,num2,temp;
12.    printf("\n 请输入两个实数:");
13.    //输入两个实数
14.    scanf("%f%f",&num1,&num2);
15.    //比较两个数的大小，让小数放在 num1 中，大数放在 num2 中
16.    if(num1>num2)
17.    {
18.       temp=num1;
19.       num1=num2;
20.       num2=temp;
21.    }
22.    printf("较小数：%f，较大数：%f\n",num1,num2);
23.    system("pause");
24.}
```

第四步： 测试并验证程序运行结果。

第五步： 分析程序

结合程序运行结果，分析第 13-15 行代码实现的功能：

____

____

知识点 2：if-else 语句

除了可以指定在条件为真时执行某些语句外，还可以在条件为假时执行另外一段代

码。在 C 语句中利用 else 语句来达到这个目的。

（1）语法如下：

```
if(表达式)
    语句 1;
else
    语句 2;
```

（2）执行流程。

执行流程如图 3.5 所示。

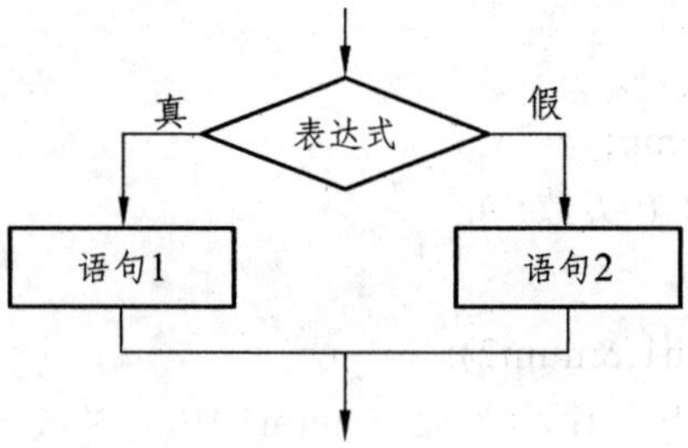

图 3.5　执行流程

（3）使用注意事项。

①当语句 1 或语句 2 多于一条语句时，需要用“{”和“}”把语句括起来。

②if(表达式)后不应该加分号。

③else 必须有相应的 if 语句与之匹配。

案例 10：编程实现，从键盘输入一年份，判断是否是闰年。

> Tips **分析：**当年份既能被4整除，但不能被100整除；或这个年份能被400整除，则该年是闰年。

第一步：识别判断年份 year 是否为闰年的条件。

year % 4 == 0 && year % 100 != 0 || year % 400 == 0

第二步：运用前面所学知识，画出其流程图。

第三步： 用 C 语言编码实现。

```c
#include <stdio.h>
#include <stdlib.h>
/*
功能：键盘输入年份，判断是否是闰年
作者：肖老师
版本：1.0
时间：2022-03-14
*/
void main()
{
    int year;
    //输出提示信息
    printf("\n 从键盘输入一年份：");
    //键盘输入年份
    scanf("%d",&year);
    //判断是否是闰年
    if(year%4==0 && year%100!=0 || year%400 == 0)
    {
        printf("%d 是闰年\n",year);
    }
    else
    {
        printf("%d 不是闰年\n",year);
    }
    system("pause");
}
```

第四步： 测试并验证程序运行结果。

知识点 3：if-else-if 语句

（1）语法如下：

```
if(表达式1)
        语句1;
    else  if(表达式2)
        语句2;
    else  if(表达式3)
        语句3;
        …
    else  if(表达式m)
        语句m;
    else
        语句n;
```

（2）执行流程。

依次判断表达式的值，当出现某个值为真时，则执行其对应的语句。然后跳到整个 if 语句之外继续执行程序。如果所有的表达式均为假，则执行语句 n。然后继续执行后续程序。如图 3.6 所示。

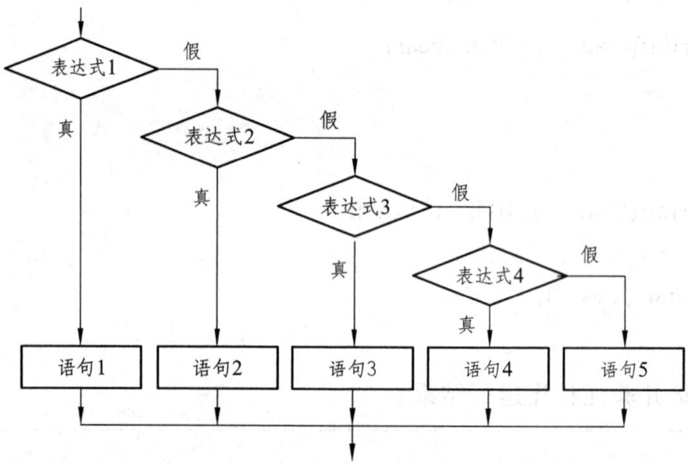

图 3.6　执行流程

（3）使用注意事项。

①如果每一个条件中有多于一条语句要执行时，必须使用“{”和“}”把这些语句包括在其中。

②条件语句可以嵌套，这种情况经常碰到，但条件嵌套语句容易出错，其原因主要是不知道哪个 if 对应哪个 else。

例如：

```
if(x>20||x<-10)
if(y<=100&&y>x)
    printf( “Good” );
```

```
else
    printf( “Bad” );
```

对于上述情况，Turbo C 2.0 规定： else 语句与最近的一个 if 语句匹配，上例中的 else 与 if(y<=100&&y>x)相匹配。

案例 11： 输入一个数，如果大于 0，输出 plus；如果是负数，输出 negative；如果正好是 0， 则输出 zero。

第一步： 识别所要用到的变量及其数据类型。

第二步： 用 C 语言编程实现。

```
#include <stdio.h>
#include <stdlib.h>
/*
功能：输入一个数,如果大于 0，输出“plus”；如果是负数，输出“negative”；如果正好是 0， 则输出“zero”。
时间：2022-04-22
作者：周老师
版本：1.0
*/
void main()
{
    float num;
    //键盘输入一个数
    scanf("%f",&num);
    if(num>0)
        printf("plus\n");
    else if(num<0)
        printf("negative\n");
    else
        printf("zero\n");
    system("pause");
}
```

第三步：测试并验证运行结果。

2. switch 语句

扫码登录课程平台，完成“switch 语句”的学习。

C 语言还提供了另一种用于多分支选择的 switch 语句，它能解决 if-else-if 结构中分支过多、结构冗长、程序逻辑关系不清晰的问题。

（1）语法如下：

```
switch(表达式)
{
    case 常量表达式 1:  语句 1;
    case 常量表达式 2:  语句 2;
        …
    case 常量表达式 n:  语句 n;
    default         :  语句 n+1;
}
```

（2）执行流程。

首先计算表达式的值。并逐个与其后的常量表达式值相比较，当表达式的值与某个常量表达式的值相等时，即执行其后的语句，然后不再进行判断，继续执行后面所有 case 后的语句。如表达式的值与所有 case 后的常量表达式均不相同时，则执行 default 后的语句。

（3）使用注意事项。

①switch 后面括号内的“表达式”，应该为整型或字符类型，不能是 float，double 或 void 类型。

②当表达式的值与某一个 case 后面的常量表达式的值相等时，就执行此 case 后面的语句，若所有的 case 后的常量表达式的值都和表达式的值不匹配，就执行 default 后面的

语句。

③每个 case 后的常量表达式的值必须互不相同。

④执行完一个 case 后的语句后，流程控制转到下一个 case 继续执行。当需要结束其后 case 语句的执行时，需要加上 break 语句。

⑤case 后的语句不止一条时，不必用花括号括起来。

⑥多个 case 可以共用一组执行语句。

⑦default 子句可以省略不用。

⑧各 case 和 default 子句的先后顺序可以变动，但不会影响程序执行结果。

案例 12：一个学生的成绩分成五个等级，超过 90 分的为'A'，80-89 的为'B'，70-79 为'C'，60-69 为'D'，60 分以下为'E'。现在输入一个学生的成绩，输出对应的等级。

> Tips **分析：**该案例既可以用if语句嵌套也可以用switch语句来实现，由于使用if语句嵌套会使嵌套层数过多，结构不太清楚，因此本题选择用switch语句来实现。

第一步：识别 switch 语句应该使用的表达式。

score/10

第二步：算法设计。

运用模块一中知识点，用流程图表示算法。

第三步：用 C 语言编码实现

```
#include <stdio.h>
#include <stdlib.h>
/*
功能：一个学生的成绩分成五个等级，超过 90 分的为'A'，80-89 的为'B'，70-79 为'C'，60-69 为'D'，60 分以下为'E'。程序可接收输入一个学生的成绩，输出对应的等级。
作者：周老师
时间：2022-05-16
```

```
版本：1.0
*/
void main()
{
    int score;
    printf("\n 请输入分数：");
    //键盘输入分数
    scanf("%d",&score);
    switch(score/10)
    {
    case 10:
    case 9:
        printf("A\n");
        break;
    case 8:
        printf("B\n");
        break;
    case 7:
        printf("C\n");
        break;
    case 6:
        printf("D\n");
        break;
    default:
        printf("E\n");

    }
    system("pause");
}
```

第四步：测试并验证程序运行结果。

3. 多重 if 和 switch 的比较

扫码登录课程平台，完成“多重 if 和 switch 的比较”的学习。

（1）多重 if 结构和 switch 结构都可以用来实现多分支选择结构。

（2）多重 if 结构用来实现两路、三路分支比较方便，而 switch 结构实现三路以上分支比较方便。

（3）在使用 switch 结构时，应注意分支条件要求是整型表达式，而且 case 语句后面必须是整型常量表达式。

（4）有些问题只能使用多重 if 结构来实现，例如要判断一个值是否处在某个区间的情况。

4. 条件运算符

如果在条件语句中，只执行单个的赋值语句时，常使用条件表达式来实现。这样不但使程序简洁，还提高了运行效率。

条件运算符为?和：，它是一个三目运算符，即有三个参与运算的操作数。

（1）语法如下：

```
表达式 1?  表达式 2:  表达式 3
```

（2）执行流程。

如果表达式 1 的值为真，则以表达式 2 的值作为条件表达式的值，否则以表达式 2 的值作为整个条件表达式的值。

（3）使用注意事项。

①条件表达式通常用于赋值语句之中。

例如，条件语句：

```
if(a>b)   max=a;
     else max=b;
```

可用条件表达式写为

```
max=(a>b)?a:b;
```

执行该语句的语义是：如 a>b 为真，则把 a 赋予 max，否则把 b 赋予 max。

②条件运算符的运算优先级低于关系运算符和算术运算符，但高于赋值运算符。因此

```
max=(a>b)?a:b
```

可以去掉括号而写为

```
max=a>b?a:b
```

③条件运算符?和：是一对运算符，不能分开单独使用。

④条件运算符的结合方向是自右至左。

例如：

a>b?a:c>d?c:d

应理解为

a>b?a:(c>d?c:d)

这也就是条件表达式嵌套的情形，即其中的表达式 3 又是一个条件表达式。

任务实施

第一步：任务分析。

根据任务描述，确定解决问题要用到 if...else if...语句实现选择结构程序设计。

输入：身高和体重

处理：计算身体质量指数=体重/(身高*身高)

输出：计算出的身体质量指数

需要用到的变量：

变量的类型	变量名	备注
double	height	用于保存身高
double	weight	用于保存体重
double	bmi	用于存放身体质量指数

第二步：算法设计。

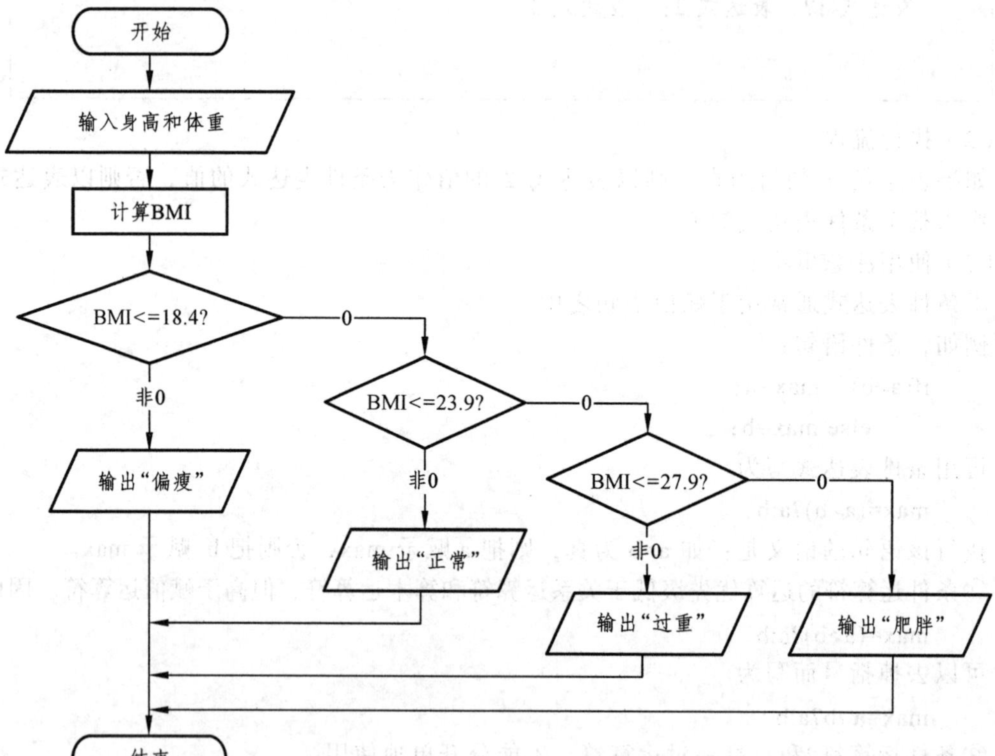

第三步：编码实现。

```
#include <stdio.h>
#include <stdlib.h>
/*
功能：编程实现，输入身高和体重，计算 BMI 值，对照《BMI 中国标准》并根据BMI 范围给出健康状况的提示
    BMI 取值<=18.4      偏瘦
            18.5~23.9   正常
            24.0~27.9   过重
            >=28.0      肥胖
作者：肖老师
时间：2022-05-27
版本：1.0
*/
void main()
{
    double weight,height,bmi;
    printf("请输入体重，单位(千克)：");
    scanf("%lf", &weight);
    printf("请输入身高，单位（米）：");
    scanf("%lf", &height);
    //计算 bmi 值
    bmi=weight/(height*height);
    if(bmi<=18.4)
    {
        printf("偏瘦!\n");
    }
    else if(bmi<24)
    {
        printf("正常！ \n");
    }
    else if(bmi<28)
    {
        printf("过重！ \n");
    }
    else
    {
        printf("肥胖！ \n");
    }
    system("pause");
}
```

第四步：程序运行。

成果展示

将活页任务单、源程序、程序运行结果截图提交到课程平台。

📖 评价与反思

结合项目的完成情况，各方参照评价指标，客观公正完成评价。

评价表

评价项目		评分标准	分值	评价			总评得分
				自评	互评	师评	
过程性评价	线上资源学习	完成线上资源学习、参与课程讨论	10				
	团队协作	各小组分工合理，能协作开展工作	10				
	解决问题能力	能主动查验资料解决问题	5				
	劳动素养	积极主动完成任务	10				
	职业素养	标识符的命名规范	5				
结果性评价	是否按计划完成任务	在规定时间内完成任务	15				
	任务完成情况	完成活页任务单	30				
	展示汇报	清楚、有条理地表达	15				

反思：

任务反思	通过本任务的实现，结合任务完成过程中自己遇到的问题和学习成果评价结果，对任务的完成过程、完成结果进行反思和分析，并提出有效的解决措施
	问题 1：
	产生原因：
	解决办法：
	问题 2：
	产生原因：
	解决办法：
	问题 3：
	产生原因：
	解决办法：

拓展练习

问题 1：给出一个不多于 5 位的正整数，要求：

（1）求出它是几位数；

（2）分别输出每一位数字；

（3）按逆序输出各位数字，例如原数为 123，则输出 321。

问题 2：从键盘输入一个数，将各位上为偶数的数去除，剩余的数按原来从高位到低位的顺序组成一个新的数。

例如，输入一个数：27638496，新的数：为 739。

问题 3：求 $ax^2+bx+c=0$ 方程的解。

问题 4：计算器程序。用户输入运算数和四则运算符，输出计算结果。

课后作业

1. 输入 x，输出 y，x 和 y 满足关系：

```
x<-5        y=x;
-5<=x<1     y=2*x+5;
1<=x<4      y=x+6;
x>=4        y=3*x-2;
```

2. 输入一个数 x，输出 y。其中 y 是 x 的绝对值。
3. 输入三个数 x, y, z，然后按从大到小输出。
4. 有以下程序段：

```
int k=0,a=1,b=2,c=3;
k=a<b ? b:a;
k=k>c ? c:k;
```

执行该程序段后，k 的值是（　　）。

A. 3

B. 2

C. 1

D. 0

5. 有以下程序：

```
#include<stdio.h>
void main()
{
    int x=1,y=2,z=3;
    if (x>y)
    if(y<z)
        printf("%d",++z);
   else
        printf("%d",++y);
```

```
    printf("%d\n",z++);
}
```

程序的运行结果是（　　）。

6. 若有表达式（w）？（-x）:（++y），则其中与 w 等价的表达式是（　　）。

A. w==1

B. w==0

C. w!=1

D. w!=0

7. 下列条件语句中功能与其他语句不同的是（　　）。

A. if(a) printf("%d\n",x); else printf ("%d\n",y);

B. if(a==0) printf("%d\n",y); else printf("%d\n",x);

C. if(a!=0) printf("%d\n",x); else printf("%d\n",y);

D. if(a==0) printf("%d\n",x); else printf("%d\n",y);

项目 3　体温检测预警系统

本项目学习体温检测预警系统的设计与实现。

任务描述

该系统如果检测到用户体温高于 37.3°，则提示"体温异常"；当检测到用户体温不高于 37.3°，则提示"体温正常"。

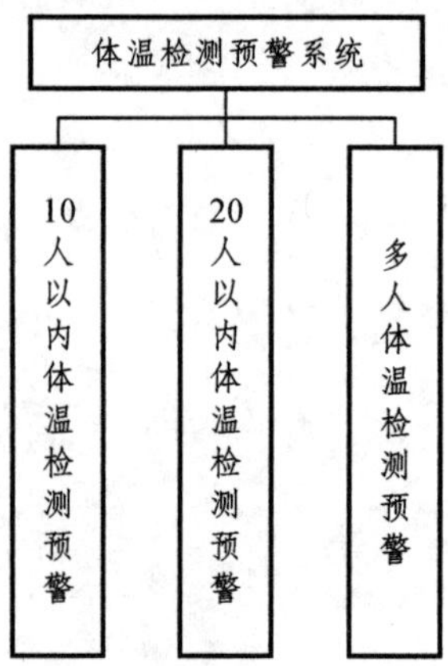

要求：

（1）程序运行显示如下界面：

```
------------------------------------------------------
1. 10 人以内体温检测预警
2. 20 个以内体温检测预警
3. 多人体温检测预警
------------------------------------------------------
```

（2）根据用户的选择，执行对应的功能。比如选 1，完成 10 人以内体温检测预警；

选 2，完成 20 人以内体温检测预警；选 3，完成多人体温检测预警。

技术准备

一、循环结构简介

循环结构是程序中一种很重要的结构。其特点是，在给定条件成立时，反复执行某程序段，直到条件不成立为止。给定的条件称为循环条件，反复执行的程序段称为循环体。C 语言提供了多种循环语句，可以组成各种不同形式的循环结构。

（1）用 goto 语句和 if 语句构成循环；

（2）用 while 语句；

（3）用 do-while 语句；

（4）用 for 语句。

C 语言中一般用 while 语句，do-while 语句和 for 语句来实现循环。尽管 if 语句和 goto 语句也可能实现循环，但不提倡使用，本书中不介绍这种方法。

二、while 语句

while 语句用来实现“当型”循环。

用“云课堂智慧职教”App 扫码学习 while 语句的视频资源。

1. 语　法

语法如下：

```
while(表达式)
      语句
```

其中表达式是循环条件，语句为循环体。

while 语句的语义是：计算表达式的值，当值为真(非 0)时，执行循环体语句。

2. 执行流程

执行流程如图 3.7 所示。

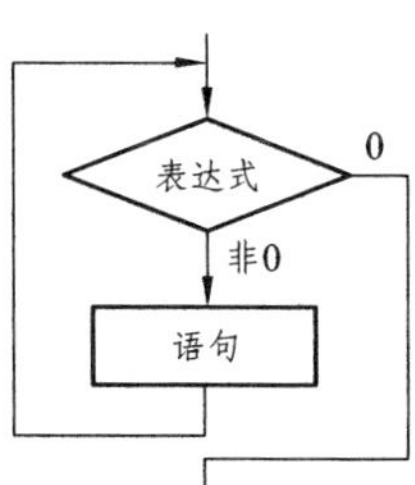

图 3.7　执行流程

3. 使用注意事项

（1）当 while 的括号后加上分号，表示循环体为空语句。

例如：

while((c=getchar())!='\n');

这个循环直到键入回车为止。因此，在使用时要谨慎。

（2）可以有多层循环嵌套。

（3）循环体如果包含的语句不至一条，应该用“{”和“}”括起来。如果不加花括号，则 while 语句的范围只到 while 后面第一个分号处。

（4）在循环体中应有使循环趋于结束的语句，以避免出现死循环。

案例 13：用 while 语句实现 1+2+3+…+100。

第一步：识别所要用到的循环变量、循环条件、循环体语句及使循环趋于结束的语句。

循环变量及初值：________________
循环条件：________________
循环体语句：________________
使循环趋于结束的语句：________________

第二步：算法设计。

运用模块一中知识点，用流程图表示算法：

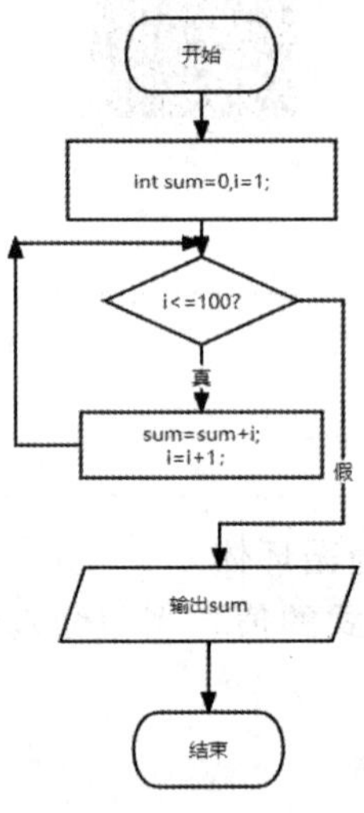

第三步：用 C 语言编程实现。

```
#include <stdio.h>
#include <stdlib.h>
/*
功能：用while语句实现计算100以内整数累加和

*/
```

```
void main()
{
    //变量 i 保存加数,sum 存放累计和
    int i=1,sum=0;
    //用 while 循环计算 100 以内整数的累积和
    while(i<=100)
    {
        sum=sum+i;
        i=i+1;
    }
    //输出结果
    printf("1+2+…+100=%d\n",sum);
    system("pause");
}
```

第四步： 测试并验证程序运行结果。

三、do-while 语句

用“云课堂智慧职教”App 扫码学习 do-while 语句的视频资源。

do-while 语句的特点是先执行循环体，然后再判断循环条件是否成立。

1. 语　法

语法如下：

```
do
    语句
while(表达式);
```

与 while 语句的不同在于：它先执行循环中的语句，然后再判断表达式是否为真，如果为真，则继续循环；如果为假，则终止循环。因此，do-while 循环至少要执行一次循环语句。

2. 执行流程

执行流程如图 3.8 所示。

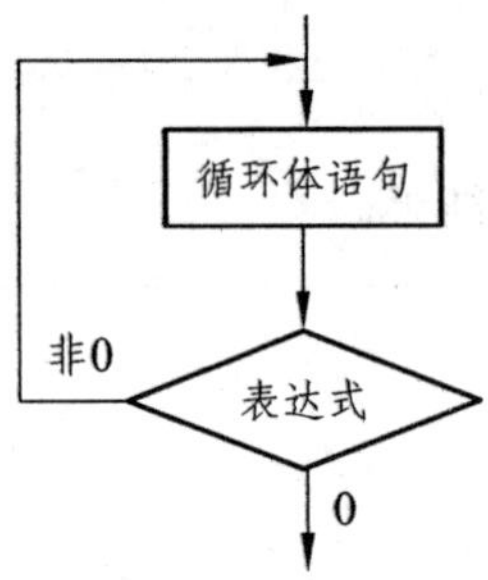

图 3.8　执行流程

3. 使用注意事项

（1）while（循环条件）；之后的“;”不能省略。

（2）先执行循环体，再判断循环条件，因此，循环体至少要执行一次。

（3）当有多条语句参加循环时，要用“{”和“}”把它们括起来。

案例 14：用 do-while 语句实现：计算并输出 Fibonacci 数列的前十项。

> Tips **分析**：Fibonacci数列第一项和第二项为1，以后每一项等于前两项之和。
> 比如：1，1，2，3，5，8，13，…
> 分别用num1, num2表示前两项数据，num3=num1+num2。

第一步：识别所要用到的循环变量、循环条件、循环体语句及使循环趋于结束的语句。

循环变量及初值：________________

循环条件：________________

循环体语句：________________

使循环趋于结束的语句：________________

第二步：算法设计。

运用模块一中知识点，用流程图表示算法。

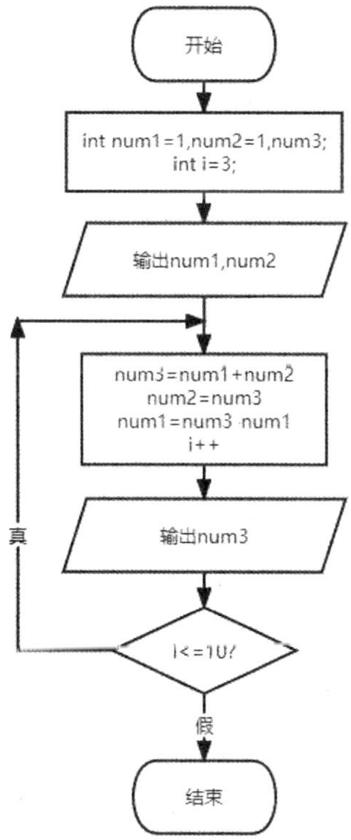

第三步：用 C 语言编码实现。

```
#include <stdio.h>
#include <stdlib.h>
/*
功能：用 do...while 语句实现输出 fibonacci 数列的前 10 项数
作者：周老师
版本：V1.0
最后修改时间：2022-06-14
*/
void main()
{
    int i;
    int num1,num2,num3;
    //为 Fibonacci 数列第一项，第二项赋值为 1
    num1=num2=1;
    printf("Fibonacci 数列前十项为：\n");
    //输出 Fibonacci 数列第一项和第二项的值
    printf("%d\t%d\t",num1,num2);
    i=3;
```

```
    do
    {
      num3=num1+num2;
      printf("%d\t",num3);
      num2=num3;
      num1=num3-num1;
      //一行输出 5 个数据
      if(i%5==0)
        printf("\n");
      i++;
    }while(i<=10);
    system("pause");
}
```

第四步： 测试并验证程序运行结果。

4. while 语句和 do-while 语句的比较

练一练：

请阅读 example1.cpp 和 example2.cpp 这两个源程序，分析：当从键盘输入 15 时，程序运行结果。

example1.cpp 的源代码如下：

```
/*  example1.cpp  */
#include <stdio.h>
#include <stdlib.h>
void main()
{
    int i,sum=0;
    scanf("%d",&i);
    do
    {
      sum+=i;
      i++;
    }while(i<=10);
```

```
    printf("%d\n",sum);
    system("pause");
}
```

阅读 example1.cpp 程序，当键盘输入为 15 时，运行结果是：____________________；

example2.cpp 的源代码如下：

```
/*  example2.cpp  */
#include <stdio.h>
#include <stdlib.h>
void main()
{
    int i,sum=0;
    scanf("%d",&i);
    while(i<=10)
    {
        sum+=i;
        i++;
    }
    printf("%d",sum);
    system("pause");
}
```

阅读 example2.cpp 程序，当键盘输入为 15 时，运行结果是：____________________。

while 语句和 do-while 语句的区别：

while 语句是先判断条件再执行循环体，有可能一次也不执行循环体；do-while 语句先执行循环体，再判断条件，至少要执行一次循环体。

四、for 语句

用“云课堂智慧职教”App 扫码学习 for 语句的视频资源。

在 C 语言中，for 语句使用最为灵活，不仅可以用于循环次数已经确定的情况，而且可以用于循环次数不确定而只给出了循环结束条件的情况。

1. 语法

语法如下：

```
for(表达式 1；表达式 2；表达式 3)
语句
```

2. **执行流程**

（1）先求解表达式 1。

（2）求解表达式 2，若其值为真（非 0），则执行 for 语句中指定的内嵌语句，然后执行下面第（3）步；若其值为假（0），则结束循环，转到第（5）步。

（3）求解表达式 3。

（4）转回上面第（2）步继续执行。

（5）循环结束，执行 for 语句下面的一个语句。

执行流程如图 3.9 所示。

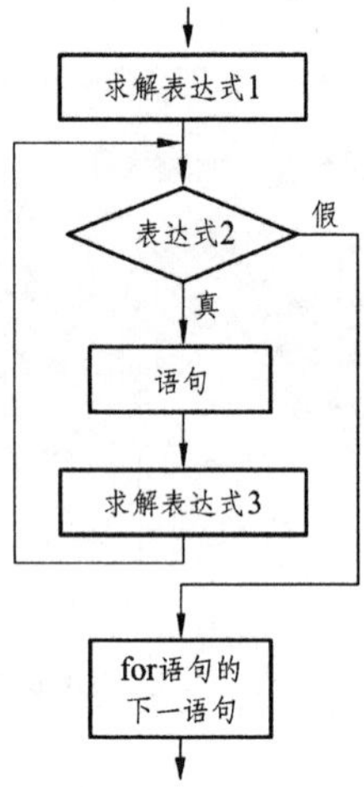

图 3.9　执行流程

3. **使用注意事项**

（1）for 语句最简单的应用形式也是最容易理解的形式为：

for（循环变量赋初值；循环条件；循环变量增量）

　　语句

（2）省略了“表达式 1（循环变量赋初值）”，表示不对循环控制变量赋初值。

（3）省略了“表达式 2（循环条件）”，则不做其他处理时便成为死循环。

（4）for 语句中的“表达式 1（循环变量赋初值）”“表达式 2（循环条件）”和“表达式 3（循环变量增量）”都是选择项，即可以缺省，但“;”不能缺省。

例如：

```
for(i=1; ; i++)sum=sum+i;
```

相当于：

```
i=1;
while(1)
{
    sum=sum+i;
    i++;
}
```

（5）省略了“表达式 3（循环变量增量）”，则不对循环控制变量进行操作，这时可在语句体中加入修改循环控制变量的语句。

例如：

```
for(i=1; i<=100; )
{
    sum=sum+i;
    i++;
}
```

（6）省略了“表达式 1（循环变量赋初值）”和“表达式 3（循环变量增量）”。

例如：

```
for(; i<=100; )
{
    sum=sum+i;
    i++;
}
```

相当于：

```
while(i<=100)
{
    sum=sum+i;
    i++;
}
```

（7）3 个表达式都可以省略。

例如：

```
for(; ; )语句
```

相当于：

```
while(1)语句
```

（8）表达式 1 可以是设置循环变量初值的赋值表达式，也可以是其他表达式。

例如：

```
for(sum=0; i<=100; i++)
    sum=sum+i;
```

（9）表达式 1 和表达式 3 可以是一个简单表达式，也可以是逗号表达式。

```
for(sum=0,i=1; i<=100; i++)
    sum=sum+i;
```

或：

```
for(i=0,j=100; i<=100; i++,j--)k=i+j;
```

（10）表达式 2 一般是关系表达式或逻辑表达式，但也可是数值表达式或字符表达式，只要其值非零，就执行循环体。

例如：

```
for(i=0; (c=getchar())!='\n'; i+=c);
```

又如：

```
for(; (c=getchar())!='\n'; )
    printf("%c",c);
```

案例 15：用 for 语句实现：找出 100 ~ 200 所有的素数。

Tips　判断一个数m是否是素数的方法：让m被2到 $\sqrt{m}$ 除，如果m能被2到 $\sqrt{m}$ 中任何一个整数整除，m就不是素数。否则m就是素数。

math.h中的sqrt函数可以实现计算 $\sqrt{m}$ 。

第一步：识别所要用到的循环变量、循环条件、循环体语句及使循环趋于结束的语句。

循环变量及初值：____________________

循环条件：____________________

循环体语句：____________________

使循环趋于结束的语句：____________________

第二步：运用模块一中所学知识，画出其流程图。

第三步：用 C 语言编程实现。

```
#include <stdio.h>
#include <math.h>
#include <stdlib.h>
void main()
{
    int m,i,k,n=0;
    printf("\n100 ~ 200 的素数有：\n");
    for(m=101;m<=200;m=m+2)
    {
        k=sqrt((double)m);
        for(i=2;i<=k;i++)
            if(m%i==0)
```

```
            break;
        if(i>=k+1)
        {
            printf("%d\t",m);
            n=n+1;
        }
        if(n%10==0)
            printf("\n");
    }
    printf("\n");
    system("pause");
}
```

第四步： 测试并验证程序运行结果。

五、辅助控制语句

不通过循环头部或尾部条件测试而跳出循环，有时是很方便的。break 语句可用于从 for、while 与 do-while 等循环中提前退出，就如同从 switch 语句中提前退出一样。break 语句能使程序从 switch 语句或循环中退出。

1.break 语句

（1）语法如下：

```
break;
```

（2）使用说明。

①break 只能终止并跳出 switch 语句或从最内层循环中立即退出，执行 switch 语句或

循环的后继语句。

②break 不能用于循环语句和 switch 语句之外的任何其他语句之中。

③通常 break 语句总是与 if 语句连在一起的。即满足条件时便跳出循环。

案例 16：编程实现：将键盘输入的大写字母转换成小写字母，当输入“#”时结束。

Tips

判断字符变量ch是不是大写字母的条件：ch>='A' && ch<='Z'。

将大写字母转换成小写字母的方法：ch=ch+32;

第一步：识别所要用到的循环变量、循环条件、循环体语句及使循环趋于结束的语句。

循环变量及初值：____________________

循环条件：____________________

循环体语句：____________________

使循环趋于结束的语句：____________________

第二步：用 C 语言编程实现。

```
#include <stdio.h>
#include <stdlib.h>
/*
功能：键盘输入大写字母转换成小写字母并输出，直到输入#结束。
作者：史老师
时间：2022-06-14
版本：V1.0
*/
void main()
{
    char ch;
    while((ch=getchar())!='#')
    {
        putchar(ch+32);//将大写字母转换成小写字母并输出
    }
    system("pause");
}
```

第三步：测试并验证程序运行结果。

2.continue 语句

continue 语句的功能是：结束本次循环，跳过循环体中尚未执行的语句，进行下一次是否执行循环体的判断。continue 语句只用在 for、while、do-while 等循环体中，常与 if 条件语句一起使用，用来加速循环。

（1）语法如下：

```
continue ;
```

（2）使用说明。

①continue 语句只能和循环一起使用。

②在 while 与 do-while 语句中，continue 语句的执行意味着立即执行循环条件的判断。在 for 语句中，则意味着使控制转移到递增循环变量部分。

案例 17：编程实现：求输入的十个整数中正数的个数及其平均值。

第一步：识别所要用到的循环变量、循环条件、循环体语句及使循环趋于结束的语句。

循环变量及初值：________________

循环条件：________________

循环体语句：________________

第二步：用 C 语言编程实现。

```
#include <stdio.h>
#include <stdlib.h>
/*
功能：键盘输入 10 个数，求这十个整数中正数的个数及其平均值
时间：2022-04-17
作者：肖老师
版本：V1.0
*/
```

```
void main()
{   int i,num=0,a;
    float sum=0;
    for(i=0;i<10;i++)
    {
       printf("请输入第%d 个整数：",i+1);
      scanf("%d",&a);
       if(a<=0)
          continue;
       num++;//统计正数的个数
     sum+=a;//求和
    }
    //输出整数的和
    printf("%d 个正数的和 :%6.0f\n",num,sum);
    //输出平均值
    printf("平均值是:%6.2f\n",sum/num);
    system("pause");
}
```

第三步：测试并验证程序运行结果。

任务实施

第一步：任务分析。

根据任务描述，确定解决问题要用到选择结构和循环结构。需要用到的变量有：保存体温、循环计数、用户选择等。

输入：用户的选择、检测的体温信息。

处理：根据用户输入，完成相应人数的体温预警。

输出：体温>37.3 输出“体温异常”，否则输出“体温正常”。

第二步：算法设计。

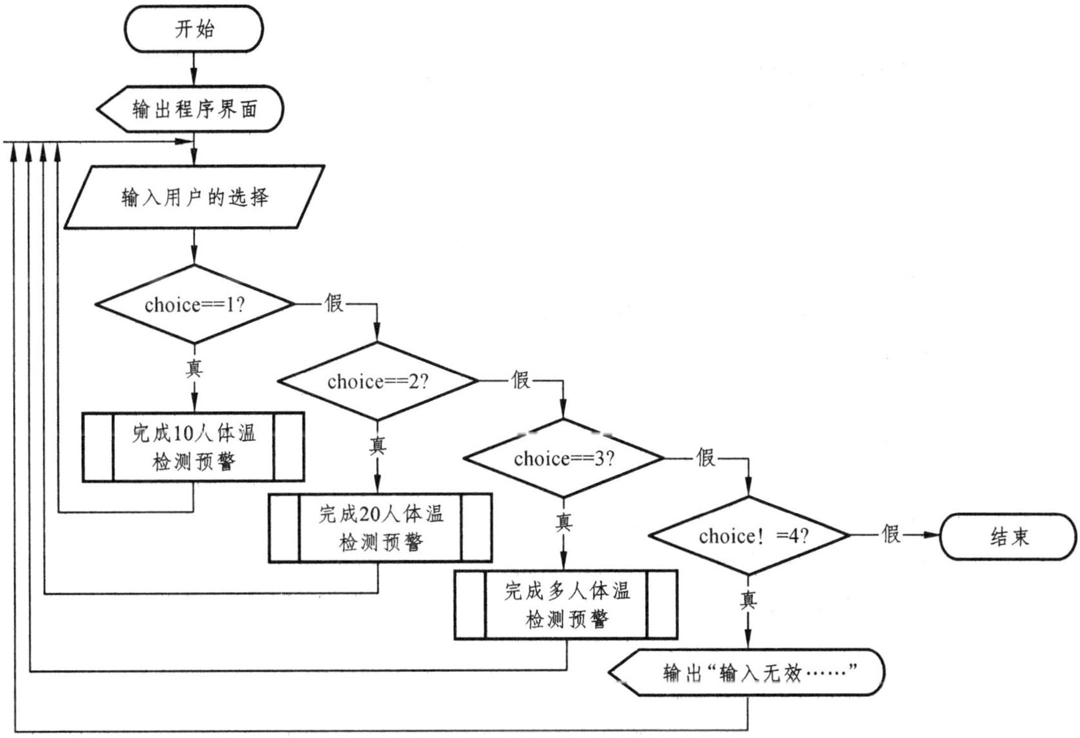

第三步：编码实现

```
#include <stdio.h>
#include <stdlib.h>
/*
功能：
（1）程序运行显示如下界面：
--------------------------------------------------------
1. 10 人以内体温检测预警
2. 20 个以内体温检测预警
3. 多人体温检测预警
4. 退出系统
--------------------------------------------------------
（2）根据用户的选择，执行对应的功能。
比如选 1，完成 10 人以内体温检测预警，
选 2，完成 20 人以内体温检测预警；
选 3，完成多人体温检测预警。
选 4，退出系统
作者：周老师
时间：2022-06-15
版本：V1.0
*/
void main()
```

```
{
    int choice,i,count;
    double  temperature;//保存检测的体温信息
    //输出程序界面
    while(1)
    {
        printf("--------------------------\n");
        printf("1.10 人体温检测预警\n");
        printf("2.20 人体温检测预警\n");
        printf("3.多人体温检测预警\n");
        printf("4.退出系统\n");
        printf("--------------------------\n");
        printf("请输入您的选择：");
        scanf("%d",&choice);
        switch(choice)
        {
        case 1:
            count=10;
            break;
        case 2:
            count=20;
            break;
        case 3:
            printf("请输入要检测的人数：");
            scanf("%d",&count);
            break;
        case 4:
            return ;
        default:
            printf("输入有误！请输入 1-4 之间的数字！\n");
        }
        for(i=1;i<=count;i++)
        {
            printf("请输入第%d 个人的体温信息：",i);
            scanf("%lf",&temperature);
            if(temperature>37.3)
            {
                printf("体温异常！\n");
            }
            else
```

```
        {
            printf("体温正常！ \n");
        }
    }
}
system("pause");
}
```

第四步： 程序运行。

成果展示

将活页任务单、项目源代码、运行结果截图提交到课程平台。

评价与反思

结合项目的完成情况，各方参照评价指标，客观公正完成评价。

评价表

评价项目		评分标准	分值	评价			总评得分
				自评	互评	师评	
过程性评价	线上资源学习	完成线上资源学习、参与课程讨论	10				
	团队协作	各小组分工合理，能协作开展工作	10				
	解决问题能力	能主动查验资料解决问题	5				
	劳动素养	积极主动完成任务	10				
	职业素养	规范编码	5				
结果性评价	是否按计划完成任务	在规定时间内完成任务	15				
	任务完成情况	完成活页任务单中的任务	30				
	展示汇报	清楚、有条理地表达	15				

反思：

<table>
<tr><td rowspan="10">任务反思</td><td>通过本任务的实现，结合任务完成过程中自己遇到的问题和学习成果评价结果，对任务的完成过程、完成结果进行反思和分析，并提出有效的解决措施</td></tr>
<tr><td>问题 1：</td></tr>
<tr><td>产生原因：</td></tr>
<tr><td>解决办法：</td></tr>
<tr><td>问题 2：</td></tr>
<tr><td>产生原因：</td></tr>
<tr><td>解决办法：</td></tr>
<tr><td>问题 3：</td></tr>
<tr><td>产生原因：</td></tr>
<tr><td>解决办法：</td></tr>
</table>

拓展练习

问题 1：从键盘输入一行字符，统计输入的大写字母的个数，当遇到“#”时结束。

问题 2：从键盘输入一行字符，统计字符中各元音字母（即：A、E、I、O、U）的个数。注意：字母不分大、小写。

问题 3：从键盘输入一个整数，判断是否是素数。

问题 4：找出 100-200 中所有的素数。

课后作业

1. 在以下给出的表达式中，与 while(E)中的（E）不等价的表达式是（　　）。

   A. (! E==0)

   B. (E>0 || E<0)

   C. (E==0)

   D. (E!=0)

2. 有以下程序：

```
void main()
{
    int i;
    for(i=1; i<40; i++)
{
    if(i++%5==0)
    if(++i%8==0)
        printf("%d",i);
}
```

```
printf("\n");
}
```

执行后的输出结果是（　　）。

A. 5

B. 24

C. 32

D. 40

3. 若变量已正确定义，有以下程序段

```
i=0;
do
    printf("%d,",i);
while(i++);
printf("%d\n",i);
```

其输出结果是（　　）。

A. 0，0

B. 0，1

C. 1，1

D. 程序进入无限循环

4. 有以下程序

```
main()
{
   int  i;
   for(i=0; i<3; i++)
   swith(i)
   {
      case 0: printf("%d",i);
      case 2: printf("%d",i);
      default: printf("%d",i);
   }
}
```

程序运行后的输出结果是（　　）。

A. 022111

B. 021021

C. 000122

D. 012

5. 以下不构成无限循环的语句或语句组是（　　）。

A. n=0;

```
do {++n; } while (n<=0);
```

B. n=10;

```
while (i) {n++; }
```

C. n=10；

```
        while (n)； {n--； }
```

D. for (n=0, i=1；； i++)

```
        n+=i；
```

6. 有以下程序段

```
int n,t=1,s=0；
scanf("%d",&n)；
do{    s=s+t； t=t-2； }while(t!=n)；
```

为使程序段不陷入死循环，从键盘输入的数据应该是（ ）。

A. 任意正奇数

B. 任意负偶数

C. 任意正偶数

D. 任意负奇数

7. 有以下程序

```
void main()
{
    int k=5, n=0；
    while(k<0)
     {    switch(k)
          {
                default  :    break；
                case 1   :     n+=k；
                case 2   :
                case 3   :     n+=k；
          }
       k--；
    }
    printf("%d\n",n)；
}
```

程序运行后的输出结果是（ ）。

A. 0

B. 4

C. 6

D. 7

8. 要求通过 while 循环不断读入字段，当读入字母 N 时结束循环。若变量已经正确定义，以下正确的程序是（ ）。

A. while(ch=getchar() !='N')printf("%c", ch)；

B. while(ch=getchar() !='N')printf("%c", ch)；

C. while(ch=getchar() = ='N')printf("%c", ch)；

D. while(ch=getchar() = ='N')printf("%c", ch)；

9. 有以下程序

```
#include<stdio.h>
void main()
{
  int i=5;
  do
  {
    if (i%3==1)
      if( i%5==2)
      {
          printf("*%d",  i); break;
      }
    i++;
  }while ( i!=0) ;
  printf( "\n");
}
```

程序的运行结果是（　　）。

A. *7

B. *3*5

C. *5

D. *2*6

10. 以下程序的输出结果是__________。

```
#include <stdio.h>
void main()
{
      int   n=12345 , d ;
      while (n!= 0)
      {
         d=n%10 ;
         printf( "%d" , d) ;
         n/=10
}
}
```

模块四　构造类型的应用

学习目标

完成本学习任务后，应当能够：

- 掌握一维、二维数组的定义及使用；
- 掌握结构体的定义和使用；
- 掌握结构体数组的定义及使用；
- 掌握指针的用法。

学习内容

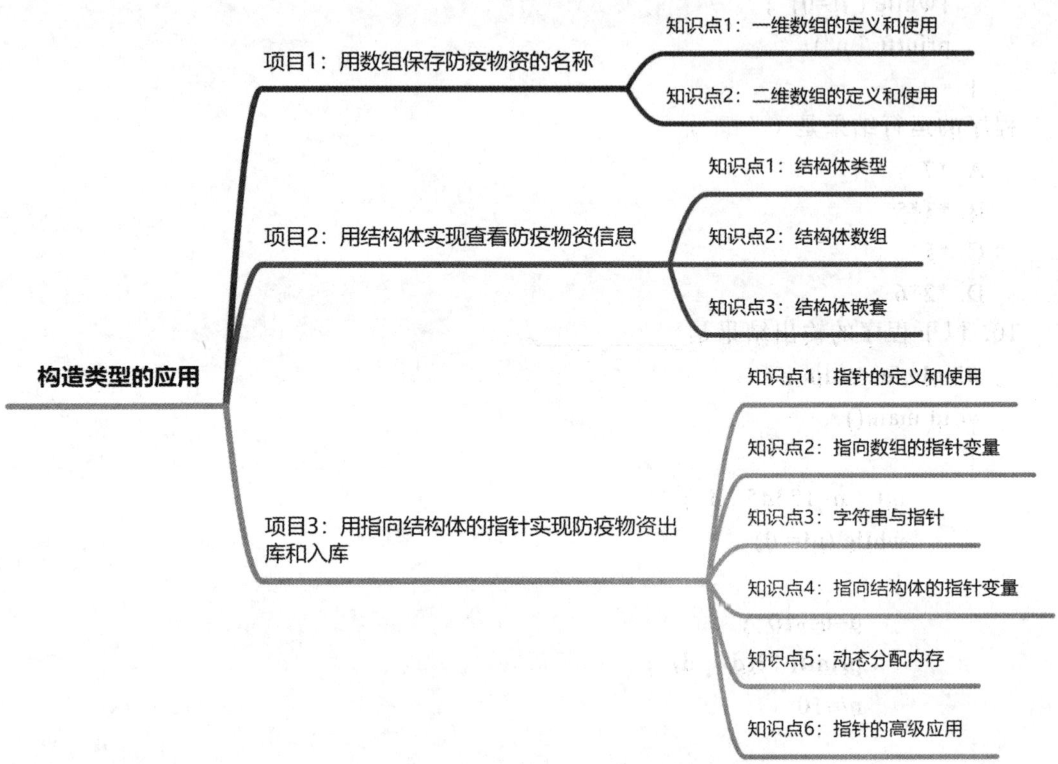

项目 1　用数组保存防疫物资的名称

任务描述

防疫物资管理系统，要实现对口罩、体温枪、免洗消毒液等防疫物资的管理，具体功能为查看物资信息、防疫物资的入库和出库（领用防疫物资）、显示防疫物资等。

（1）查看防疫物资：显示所有的防疫物资的名称和数量等信息；

（2）防疫物资入库：实现对指定防疫物资数量的增加；

（3）防疫物资出库：实现对指定防疫物资数量的减少。

任务中所涉及的物资名称包括：口罩、体温枪、免洗消毒液。

本次任务要求：定义数组保存这三种物资的名称。

技术准备

在程序设计中，为了处理方便，把具有相同类型的若干变量按有序的形式组织起来。这些按序排列的同类数据元素的集合称为数组。在 C 语言中，数组属于构造数据类型。一个数组可以分解为多个数组元素，这些数组元素可以是基本数据类型，也可以是构造类型。因此按数组元素的类型不同，数组又可分为数值数组、字符数组、指针数组、结构数组等各种类别。

一、一维数组的定义和使用

用“云课堂智慧职教”App 扫码学习“一维数组的定义和使用”的视频资源。

数组：具有相同数据类型的一组元素的集合。在 C 语言中使用数组必须先进行定义。

1. 数组的定义

语法如下：

```
类型说明符  数组名 [常量表达式];
```

其中：

（1）类型说明符是任一种基本数据类型或构造数据类型。

（2）数组名是用户定义的数组标识符。

（3）方括号中的常量表达式表示数据元素的个数，也称为数组的长度。

例如：

int a[10]；//声明整型数组 a，有 10 个元素。

float b[10], c[20]；//声明实型数组 b，有 10 个元素；实型数组 c，有 20 个元素。

char ch[20]；//声明字符数组 ch，有 20 个元素。

使用注意事项：

（1）数组的类型实际上是指数组元素的取值类型。对于同一个数组，其所有元素的数据类型都是相同的。

（2）数组名的书写规则应符合标识符的书写规定。

（3）数组名不能与其他变量名相同。

练一练：阅读下列程序：

```
#include <stdio.h>
#include <stdlib.h>
/*
 阅读程序，分析数组名是否能和变量名同名
*/
void main()
{
   int a;
   double a[10];
   system("pause");
}
```

阅读上述程序代码，代码是否正确：□正确　□错误

如果有错误，错误原因：________________________

（4）方括号中常量表达式表示数组元素的个数，如 a[5]表示数组 a 有 5 个元素。但是其下标从 0 开始计算。因此，5 个元素分别为 a[0],a[1],a[2],a[3],a[4]。

（5）不能在方括号中用变量来表示元素的个数，但是可以是符号常数或常量表达式。

练一练：阅读下列程序：

```
#include <stdio.h>
#include <stdlib.h>
#define LEN 5
/*
  练一练：分析下列数组声明是否合法
*/
void main()
{
   int a[3+2],b[7+LEN];
   system("pause");
}
```

阅读上述程序代码，代码是否正确：□正确　□错误

如果有错误，错误原因：________________________

练一练：阅读下列程序：

```
#include <stdio.h>
#include <stdlib.h>
/*
  练一练：分析下列数组声明是否合法
*/
void main()
```

```
{
    int len=5;
    int a[len];
    system("pause");
}
```

阅读上述程序代码，代码是否正确：□正确　□错误

如果有错误，错误原因：________________

（6）允许在同一个类型说明中，说明多个数组和多个变量。

例如：

```
int a,b,c,d,k1[10],k2[20];
```

2. 一维数组元素的引用

数组元素是组成数组的基本单元。数组元素也是一个变量，其标识方法为数组名后跟一个下标。下标表示了数组元素在数组中的顺序号，第一个元素的下标为 0，最后一个元素的下标为长度-1。

语法如下：

```
数组名[下标]
```

使用注意事项：

①其中下标只能为整型常量或整型表达式。如为小数时，C 编译将自动取整。

例如：

```
a[5]
a[i+j]
a[i++]
```

都是合法的数组元素。

②必须先定义数组，才能通过数组名[下标变量]访问数组元素。在 C 语言中，要遍历非字符类型的数组元素，只能通过数组名[下标变量]逐个访问数组中的元素，而不能一次引用整个数组。

例如，下列程序定义了一个长度为 10 的整型数组 a，通过下标变量 i，采用循环遍历数组。

```
#include <stdio.h>
#include <stdlib.h>
/*
功能：遍历输出数组中的元素
*/
void main()
```

```
{
    //声明一个整型变量i；声明一个长度为10整型数组a，并完成初始化
    int i,a[10]={1,2,3,4,5,6,7,8,9,10};
    //通过for循环遍历数组中的元素
    for(i=0;i<10;i++)
    {
        //输出数组元素
        printf("%d\t",a[i]);
    }
    //换行
    printf("\n");
    system("pause");
}
```

程序运行的输出结果为：

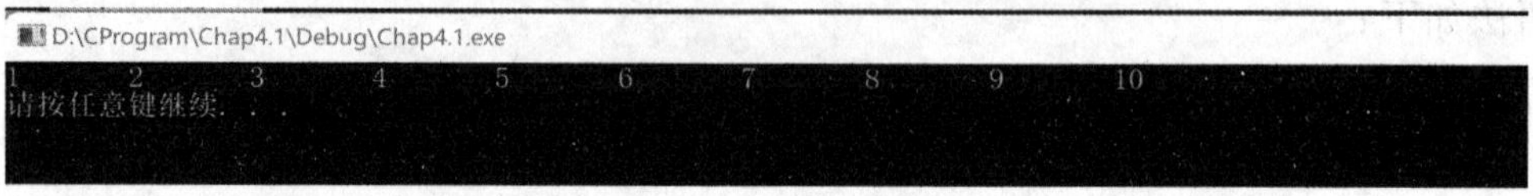

③数组名代表数组的首地址，也就是第一个元素的地址。

练一练：

第一步：在 Microsoft Visual Studio C++ 2010 中编写以下代码：

```
#include <stdio.h>
#include <stdlib.h>
void main()
{
    int i,a[10]={1,2,3,4,5,6,7,8,9,10};
    printf("%d\n",a);
    printf("%d\n",&a[0]);
    printf("\n");
    system("pause");
}
```

第二步：运行结果。

第三步：分析程序运行结果。

第 6 行代码的运行结果：________________________________

第 6 行代码是否实现整体输出数组元素：□是　　□否

第 7 行代码的运行结果：________________________________

结论：____

3. 一维数组的初始化

数组元素在使用之前应该先初始化，给数组元素赋初值的方法有两种：

第一种：在声明数组的同时赋初值。

第二种：先声明数组，再为元素赋初值。

（1）在声明的同时赋初值。

在数组定义时给数组元素赋予初值，数组初始化是在编译阶段进行，可减少运行时间，提高效率。

语法如下：

```
类型说明符 数组名[常量表达式]={值，值……值};
```

其中在{ }中的各数据值即为各元素的初值，各值之间用逗号间隔。

例如：

```
int a[10]={ 0,1,2,3,4,5,6,7,8,9 };
```

相当于 a[0]=0；a[1]=1...a[9]=9；

使用注意事项：

✧可以只给部分元素赋初值。当{ }中值的个数少于元素个数时，只给前面部分元素赋值。

例如：

int a[10]={0,1,2,3,4}；//给 a[0]～a[4]5 个元素赋值，而后 5 个元素自动赋 0 值。

0	1	2	3	4	0	0	0	0	0
a[0]	a[1]	a[2]	a[3]	a[4]	a[5]	a[6]	a[7]	a[8]	a[9]

✧只能给元素逐个赋值，不能给数组整体赋值。

例如，给十个元素全部赋 1 值，只能写为：

```
int a[10]={1,1,1,1,1,1,1,1,1,1};
```

而不能写为：

```
int a[10]=1;
```

✧如给全部元素赋值，则在数组说明中，可以不给出数组元素的个数。

例如：

```
int a[5]={1,2,3,4,5};
```

可写为：

int a[]={1,2,3,4,5}；

（2）先声明数组，再赋初值。

先声明数组，再通过数组名[下标]依次为数组元素赋值。

案例 1：用数组实现计算 Fibonacci 数列前 20 项。

> **Tips** 斐波那契数列指的是这样一个数列：1、1、2、3、5、8、13、21、……这个数列前两项都为1，从第三项开始，每一项都等于前两项之和。

第一步：任务分析。

（1）识别所要用到的数据类型：

Fibonacci 数列前 20 项的元素数据类型相同，优选数组来存放这 20 个元素。

int　fibo[20];

（2）识别程序的基本结构。

计算和输出 Fibonacci 数列前 20 项的元素会用到循环结构。

第二步：任务设计。

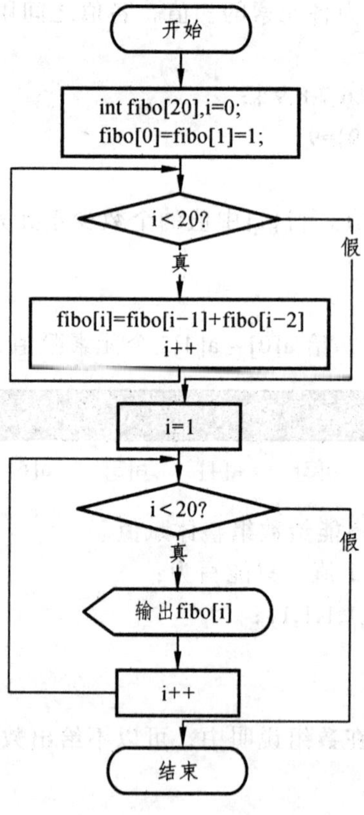

第三步： 用 C 语言编程实现。

```c
#include <stdio.h>
#include <stdlib.h>
/*
功能：输出 Fibonacci 数列前 20 项内容
作者：周老师
时间：2022-05-28
版本：1.0
*/
void main()
{
    //数组 fibo 用来存放 Fibonacci 数列前 20 项的值，变量 k 用来保存数组元素的下标
    int fibo[20],k;
    //为 Fibonacci 数列的第 1，2 项赋值为 1
    fibo [0]= fibo [1]=1;
    //用 for 循环分别计算第 3 到 20 项的值
    for(k=2;k<20;k++)
        fibo [k]= fibo [k-1]+ fibo [k-2];
    printf("\nFibonacci 数列前 20 项是：\n");
    for(k=0;k<20;)
    {
        printf("%d\t", fibo[k]);
        //实现每行输出 10 个值
        if(++k%10==0)
            printf("\n");
    }
    system("pause");
}
```

第四步： 测试并验证程序运行结果。

第五步：程序阅读理解。

（1）第 14 行代码中，为什么要为 fibo[0]和 fibo[1]赋初值为 1？

____

____

（2）第 17 行代码 fibo [k]= fibo [k-1]+ fibo [k-2]；的含义。

____

____

（3）第 23 行代码++k 能否换成 k++，如果不能，请说明原因。

□能　　□不能

原因：____

案例 2：随机生成 10 个 100 以内的整数，求这 10 个数中的最大值和最小值。

第一步：任务分析。

识别用到的数据结构：int nums[10],max,min。

输入：随机生成 10 个整数。

查阅资料：生成随机数的函数：__________包含在____________头文件中。

处理：求最大值和最小值。

输出：最大值和最小值。

第二步：任务设计。

第三步：用 C 语言编程实现。

```
#include <stdio.h>
#include <stdlib.h>
/*
功能：随机生成 10 个 100 以内的整数，求这 10 个数中的最大值和最小值。
作者：周老师
时间：2022-05-29
版本：1.0
*/
void main()
```

```
{
    int nums[10],max,min,i;
    //随机生成 10 个 100 以内的整数，分别放到数组 nums 中
    for(i=0;i<10;i++)
    {
        nums[i]=rand()%100;
    }
    //把第一个数看成最大数和最小数
    max=nums[0];
    min=nums[0];
    printf("随机生成 10 个数是：\n");
    for(i=1;i<10;i++)
    {
        if (max<nums[i])
            max=nums[i];
        if (min>nums[i])
            min=nums[i];
        printf("%d\t",nums[i]);
    }
    printf("\n 最大值为：%d",max);
    printf("\n 最小值为：%d\n",min);
    system("pause");
}
```

第四步： 测试并验证程序运行结果。

记录第一次运行结果：

____

____

____

记录第二次运行结果：

____

____

____

第五步： 运行结果分析。

（1）程序是否实现生成 10 个随机整数：□是　　　□否

分析原因：______________________________

（2）查阅资料，完善程序，实现每次运行都能生成不同的随机数。

____

____

____

____

案例 3：随机生成 10 个 100 以内整数并保存在一个数组中，键盘输入一个整数，查找该数是否在数组中，如果找到了，要求输出该数在数组中所处的位置；如果找不到，输出“没有找到!”。

第一步：任务分析。

识别用到的数据结构：int nums[10],value。

输入：随机生成 10 个整数，键盘输入一个整数存放到 value 中。

查阅资料：生成随机数的函数：__________包含在__________头文件中。

处理：查找 value 是否在数组中。

输出：如果相等，输出 value 在数组中的位置 i，程序结束。如果数组中任何一个元素都和 value 不相等，输出“没有找到!”。

第二步：任务设计。

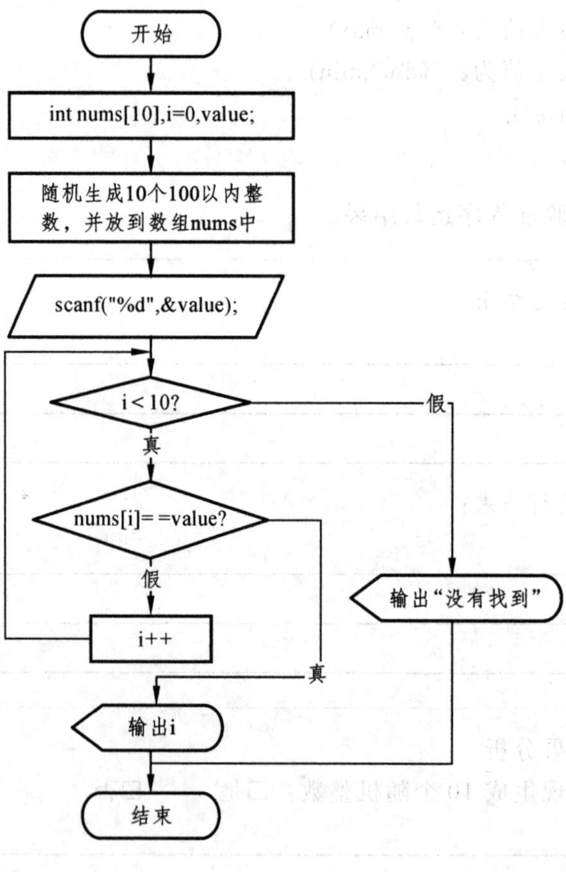

第三步：用 C 语言编程实现，请补充程序。

```
#include <stdio.h>
#include <stdlib.h>
#include <time.h>
#define N 10
/*
功能：随机生成 10 个 100 以内整数并保存在一个数组中，键盘输入一个整数，查找该数是否在数组中，如果找到了，要求输出该数在数组中所处的位置；如果找不到，输出“没有找到!”。
作者：肖老师
时间：2022-05-31
版本：1.0
*/
void main()
{
    int nums[N],value,i;
    //srand 是初始化随机函数,以当前系统时间作为种子,由于时间是变化的,种子也在变化,可以产生随机数。
    srand((unsigned)time(NULL));
    for(i=0;i<N;i++)
    {
        //生成 100 以内的随机数
        nums[i]=rand()%100;
    }
    printf("\n 请输入要查找的数:");
    scanf("%d",&value);
    for(i=0;i<N;i++)
    {
        if(value==nums[i])
        {
            printf("\n 在数组的第%d 个位置找到了数字 %d !\n",i+1,value);
            break;
        }
    }
    if(i>=N)
    {
        printf("\n 没有找到!\n");
    }
    system("pause");
}
```

第四步：测试并验证程序运行结果。

第五步：程序阅读理解。

（1）想要知道程序随机生成的 10 个整数是多少，需要如何修改程序？

____

____

（2）程序中哪一行语句实现每次运行都能生成不同随机数？

____

____

（3）程序中 27 行实现：输入的数据如果在数组中存在，则输出该数在数组中的位置，为什么输出位置需要用 i+1，而不是直接用 i?

____

____

二、二维数组的定义和使用

1. 二维数组的定义

用“云课堂智慧职教”App 扫码学习“二维数组的定义和使用”的视频资源

语法如下：

```
类型说明符 数组名[常量表达式 1][常量表达式 2];
```

其中常量表达式 1 表示第一维下标的长度，常量表达式 2 表示第二维下标的长度。

例如：

```
int a[2][3];
```

说明了一个两行三列的数组，数组名为 a，其下标变量的类型为整型。该数组的下标变量共有 2×3 个，即：

```
a[0][0],a[0][1],a[0][2]
a[1][0],a[1][1],a[1][2]
```

二维数组在概念上是二维的，也就是说其下标在两个方向上变化，下标变量在数组中的位置也处于一个平面之中，而不是像一维数组只是一个向量。但是，实际的硬件存储器却是连续编址的，也就是说存储器单元是按一维线性排列的。如何在一维存储器中存放二维数组，可有两种方式：一种是按行排列，即放完一行之后顺次放入第二行。另一种是按列排列，即放完一列之后再顺次放入第二列。在 C 语言中，二维数组是按行排列的。

按行排列：先存放 a[0]行，再存放 a[1]行。每行中有在三个元素也是依次存放。由于数组 a 说明为 int 类型，该类型占两个字节的内存空间，因此每个元素均占有两个字节。

2. 二维数组元素的引用

语法如下：

```
数组名[下标][下标]
```

其中下标应为整型常量或整型表达式。

例如：

```
a[3][4]
```

表示 a 数组 3 行 4 列的元素。

下标变量和数组说明在形式中有些相似，但这两者具有完全不同的含义。数组说明的方括号中给出的是某一维的长度；而数组元素中的下标是该元素在数组中的位置标识。前者只能是常量，后者可以是常量，变量或表达式。

3. 二维数组的初始化

（1）初始化方法。

二维数组初始化可以在声明的同时赋初值，也可以先声明，再赋值。二维数组可按行分段赋值，也可按行连续赋值。

①按行分段赋值可写为：

```
int a[5][3]={ {80,75,92},{61,65,71},{59,63,70},{85,87,90},
            {76,77,85} };
```

②按行连续赋值可写为：

```
int a[5][3]={ 80,75,92,61,65,71,59,63,70,85,87,90,76,77,85};
```

以上两种赋初值的结果是完全相同的。

（2）使用注意事项。

①当在定义二维数组的同时进行初始化时，可以省略行下标，但不能省略下标。

如：int a[5][3]={ 80,75,92,61,65,71,59,63,70,85,87,90,76,77,85}；

等价于：

int a[][3]={ 80,75,92,61,65,71,59,63,70,85,87,90,76,77,85}；

②如果先声明再赋值，通常会用双重循环来实现。

案例 4：编程实现：将 M 行 N 列的二维数组中的数据，按列优先的顺序依次放到一维数组中。

> **Tips** 要实现将二维数组按列顺序放到一维数组中，主要解决：
>
> （1）计算存放到一维数组中的位置。
>
> （2）取出二维数组中的数据存放到一维数组（已计算出的位置）中。

第一步：任务分析。

任务中所涉及的数据结构：M 行 N 列的二维数组和一维数组。

一维数组的长度：MN。

二维数组中的元素通过随机数赋值。

第二步：算法设计。

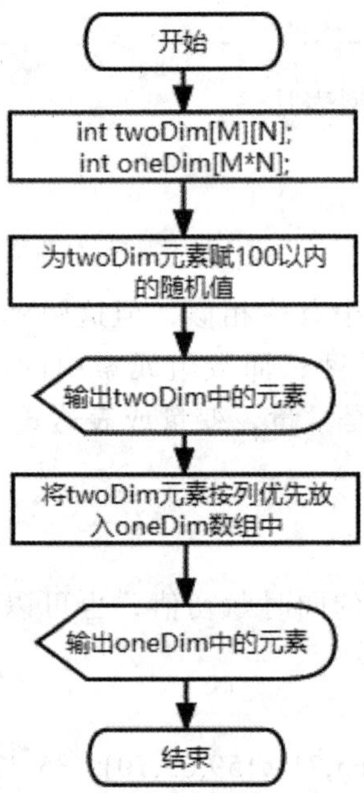

第三步：用 C 语言编程实现。

```
#include <stdio.h>
#include <stdlib.h>
#include <time.h>
```

```
#define M 5
#define N 4
/*
功能：将 M 行 N 列的二维数组中的数据，按列优先的顺序依次放到一维数组中
*/
void main()
{
    int twoDim[M][N],oneDim[M*N];
    int i,j,k;
    //以系统当前时间作为随机数种子
    srand((unsigned)time(NULL));
    printf("\n 随机生成的%d 行%d 列的二维数组为：\n",M,N);
    //i 记录二维数组行下标
    for(i=0;i<M;i++)
    {
        //j 记录二维数组的列下标
        for(j=0;j<N;j++)
        {
            //为二维数组元素赋 100 以内的随机值
            twoDim[i][j]=rand()%100;
            //输出二维数组中的元素
            printf("%d\t",twoDim[i][j]);
        }
        //一行元素输出完后换行
        printf("\n");
    }
    //将二维数组按列的顺序依次放到一维数组中
    printf("\n 转换后的一维数组：\n");
    //k 用来记录一维数组的下标
    k=0;
    //i 记录二维数组的列下标
    for(i=0;i<N;i++)
    {
        //j 记录二维数组的行下标
        for(j=0;j<M;j++)
        {
            //将二维数组的元素赋给一维数组
            oneDim[k]=twoDim[j][i];
            printf("%d\t",oneDim[k]);
            k++;
```

```
        //实现每行输出 10 个元素
        if(k%10==0)
           printf("\n");
     }
  }
  system("pause");
}
```

第四步： 测试并验证程序运行结果。

第五步： 程序阅读理解。

（1）二维数组的行和列为什么用#define 定义？

(2)一维数组的长度和二维数组行和列的关系。

(3)程序中如何实现按照列优先的顺序将二维数组元素存放到一维数组中。

任务实施

第一步： 任务分析。

存放防疫物资的名称用到的数据类型是：________________。

第二步： 算法设计。

第三步： 编码实现。

根据下列代码提示在集成开发环境中编码实现。

```
1. #include <stdio.h>
2. #include <stdlib.h>
3. /*
4. 功能：任务描述中所涉及的物资名称包括：口罩、体温枪、免洗消毒液。
5.     定义数组保存这三种物资的名称。
6. 作者：周老师
7. 时间：2022-06-01
8. 版本：1.0
9. */
10.void main()
11.{
12.   //声明三个字符型数组分别用来存放三种防疫物资的名称
13.   char ________________[50],___________[50],goodsName3[50];
14.   printf("请输入第一种物资名称：");
15.   scanf("%s",______________________);
16.   printf("请输入第二种物资名称：");
17.   scanf("%s",______________________);
18.   printf("请输入第三种物资名称：");
19.   scanf("%s",______________________);
20.   //输出防疫物资名称
21.   printf("第一种物资名称：%s\n",goodsName1);
22.   printf("第二种物资名称：%s\n",goodsName2);
23.   printf("第三种物资名称：%s\n",goodsName3);
24.   system("pause");
25.}
```

第四步： 程序运行。

运行结果：

第五步： 程序阅读理解。

（1）第 15、17、19 行代码的功能是：

____

（2）如果防疫物资名称中包含有空格，用 scanf()函数是否满足需求？如果不满足有什么替换的方案。

____

____

____

成果展示

将活页任务单、项目源代码和运行结果截图提交到课程平台。

评价与反思

结合项目的完成情况，各方参照评价指标，客观公正完成评价。

评价表

评价项目		评分标准	分值	评价			总评得分
				自评	互评	师评	
过程性评价	线上资源学习	完成线上资源学习、参与课程讨论	10				
	团队协作	各小组分工合理，能协作开展工作	10				
	解决问题能力	能主动查验资料解决问题	5				
	劳动素养	积极主动完成任务	10				
	职业素养	规范编码	5				
结果性评价	是否按计划完成任务	在规定时间内完成任务	15				
	任务完成情况	完成活页任务单中的任务	30				
	展示汇报	清楚、有条理地表达	15				

反思：

<table>
<tr><td rowspan="10">任务反思</td><td>通过本任务的实现，结合任务完成过程中自己遇到的问题和学习成果评价结果，对任务的完成过程、完成结果进行反思和分析，并提出有效的解决措施</td></tr>
<tr><td>问题 1：</td></tr>
<tr><td>产生原因：</td></tr>
<tr><td>解决办法：</td></tr>
<tr><td>问题 2：</td></tr>
<tr><td>产生原因：</td></tr>
<tr><td>解决办法：</td></tr>
<tr><td>问题 3：</td></tr>
<tr><td>产生原因：</td></tr>
<tr><td>解决办法：</td></tr>
</table>

拓展练习

采用本项目的实施方案，实现了用三个字符数组保存三种物资的名称。如果要存放 10 种或者更多种类物资的名称，这将不是最佳方案，请思考、修改实施方案，实现能方便地存放 10 种物资的名称。

课后作业

问题 1：删去一维数组中所有相同的数，使之只剩一个。数组中的数已按由小到大的顺序排列，函数返回删除后数组中数据的个数。

例如，一维数组中的数据是：2 2 2 3 4 4 5 6 6 6 6 7 7 8 9 9 10 10 10。

删除后，数组中的内容应该是：2 3 4 5 6 7 8 9 10。

问题 2：编写程序实现：判定一个 N×N（规定 N 为奇数）的矩阵是否是“幻方”。“幻方”的判定条件是：矩阵每行、每列、主对角线及反对角线上元素之和都相等。

例如，以下 3×3 的矩阵就是一个“幻方”：

4 9 2

3 5 7

8 1 6

问题 3：请编写一个程序实现：删除字符串中的所有空格。

例如，主函数中输入"asd af aa z67"，则输出为 "asdafaaz67"。

问题 4：将字符串中每个单词的最后一个字母改成大写。（这里的“单词”是指由空格隔开的字符串）。

例如，若输入"I am a student to take the examination.",

则应输出"I aM A studenT tO takE thE examinatioN."。

问题 5：在 p 所指字符串中找出 ASCII 码值最大的字符，将其放在第一个位置上；并将该字符前的原字符向后顺序移动。

例如，调用 fun 函数之前给字符串输入：ABCDeFGH，

调用后字符串中的内容为：eABCDFGH。

问题 6：如果一个数组中保存的元素是有序的（由大到小），向这个数组中插入一个数，使得插入后的数组元素依然保持有序。

项目 2　用结构体实现查看防疫物资信息

任务描述

根据项目描述，系统所涉及的防疫物资包含：口罩、体温枪、免洗消毒液。每种防疫物资都包含物资名称、品牌、单价和数量。系统可实现对这三类防疫物资信息的输入和查看防疫物资信息，可查看所有的防疫物资的物资名称、品牌、单价和数量等信息。

技术准备

本任务存放某班 20 名学生的学籍信息，包含学生 8 位数的学号、姓名、C 语言成绩、英语成绩。

1. 任务分析

选择合适的数据存储类型：

（1）一个学生的学号可以使用字符数组。

（2）一个学生的姓名可以使用字符数组。

（3）一个学生的 C 语言成绩可以使用整型。

（4）一个学生的英语成绩可以使用整型。

因此 20 名学生的所有信息可定义为：

```
char stuNum[20][8];
char stuName[20][20];
int scoreC[20];
int scoreEng[20];
```

2. 弊端分析

（1）所有信息是分散单独存在的，很难表现出内在联系。

（2）操作全部依赖数组下标匹配，稍不留意就出现无效数据和冗余数据。

Tips 例如，当需要删除第二名学生记录，必须对4个数组的第二个元素均删除，否则发生很严重的匹配问题。

导致这种状况的原因，是一个学生的数据应该是一个整体，但却分散定义在不同的数组中。因此很难做到“一并删除”“一并修改”“一并添加”等操作。分散的存储方式很难保证数据统一性。

3. 弊端解决方法

（1）将每一个学生的学号、姓名、C 语言成绩、英语成绩这些信息组合在一起，复合形成一种新的类型：学生类型。如图 4.1 所示。

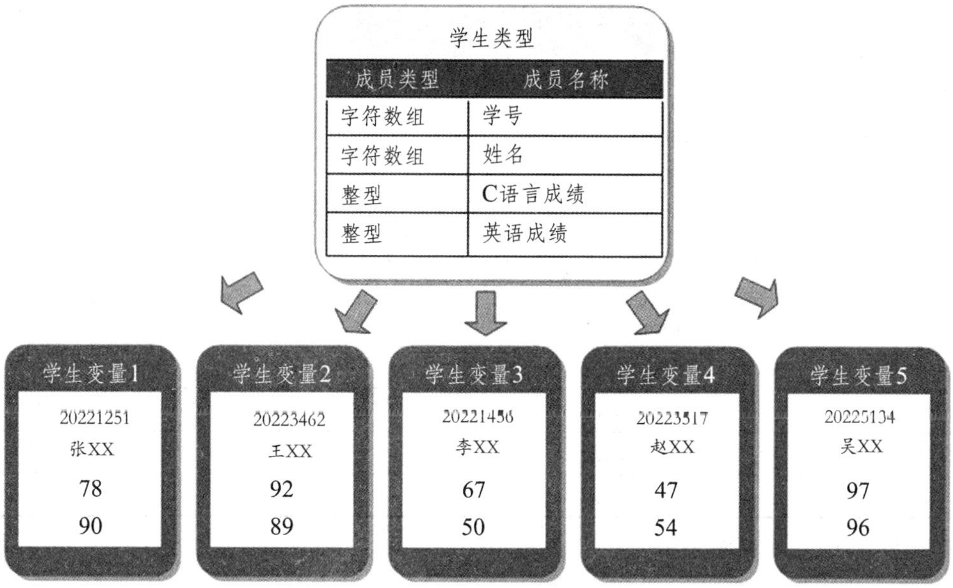

图 4.1　学生类型

（2）使用自定义的学生类型，定义 20 个元素，形成学生类型的数组。

根据本项目的任务描述，每种防疫物资都包含物资名称、品牌、单价和数量，物资名称和品牌可以用字符数组表示，单价是实型，数量为整型，由于这几种数据类型不完全相同，因此不能用数组来实现。在 C 语言中，提供的结构体类型可以解决这类问题。

一、结构体类型

1. 定义结构体类型

用“云课堂智慧职教”App 扫码学习“定义结构体”的视频资源。

结构体类型属于构造类型，由多个成员组成。结构体类型需要先定义再使用，定义结构体类型用 struct 关键字。

结构体定义的语法如下：

```
struct  结构体名{
    数据类型    成员 1 名称;
    数据类型    成员 2 名称;
    ……
    数据类型    成员 n 名称;
};
```

案例 5：定义一个结构体类型 Employee，表示公司员工，包含员工编号、姓名、所属部门、性别、薪水。

第一步：任务分析。

结构体类型名：Employee。

结构体成员类型及名称见下表。

表 4.1　结构体成员

结构体成员	结构体成员名	结构体成员数据类型	长度
编号	empCode	字符数组	11
姓名	empName	字符数组	20
所属部门	empDept	字符数组	15
性别	empGender	字符数组	5
薪水	empSalary	实型	——

第二步：定义结构体类型。

```
/*
功能：定义结构体类型 Employee，代表员工类型
包含员工编号、姓名、所属部门、性别、薪水
作者：史老师
时间：2022-06-01
版本：1.0
*/
struct Employee
{
    //员工编号
    char empCode[11];
    //员工姓名
    char empName[20];
    //所属部门
    char empDept[15];
    //员工性别
    char empGender[5];
    //员工薪水
    double empSalary;
};
```

2. 声明结构体变量

声明结构体变量有三种形式：

（1）先定义结构体，再声明变量名。

```
struct 结构体名
{
```

```
    成员类型 成员名称;
    成员类型 成员名称;
    ......
}
struct 结构体名 结构体变量 1, 结构体变量 2...;
```

（2）在定义结构体的同时，声明该结构体的变量。

```
struct 结构体名
{
    成员类型 成员名称;
    成员类型 成员名称;
    ......
}结构体变量 1, 结构体变量 2[,...,结构体变量 n];
```

（3）定义结构体类型时省略结构体类型名，同时声明结构体变量。

```
struct {
    成员类型 成员名称;
    成员类型 成员名称;
    ......
}结构体变量 1, 结构体变量 2[,...,结构体变量 n];
```

案例 6：定义一个结构体类型 Student，表示学生类型，包含学号、姓名和年龄。

第一步：任务分析。

结构体类型名：Student。

结构体成员类型及名称见表 4.2。

表 4.2　结构体成员

结构体成员	结构体成员名	结构体成员数据类型	长度
学号	stuNo	字符数组	10
姓名	stuName	字符数组	50
年龄	age	整型	——

第二步：定义结构体类型，声明结构体变量。

解决方案 1：先定义结构体，再声明结构体类型的变量。

```
/*
功能：定义学生类型，包含学号、姓名和年龄
      先定义结构体类型，再声明一个学生类型结构体变量 zs
作者：王经理
时间：2022-06-02
版本：1.0

*/
```

```
//定义结构体类型
struct Student{
    char  stuNo[10];
    char  stuName[50];
    int   age;
};
//声明结构体变量 zs
struct Student  zs;
```

解决方案 2：在定义结构体的同时声明结构体类型的变量。

```
/*
功能：定义学生类型，包含学号、姓名和年龄
      在定义结构体类型的同时声明一个学生类型结构体变量 zs
作者：王经理
时间：2022-06-02
版本：1.0
*/
//定义结构体类型的同时，声明结构体变量
struct Student{
    char  stuNo[10];
    char  stuName[50];
    int   age;
} zs;
```

解决方案 3：在定义结构体类型时省略结构体名。

```
/*
功能：定义学生类型，包含学号、姓名和年龄
      在定义结构体类型的同时，声明一个学生类型结构体变量 zs,
          定义结构体类型时省略结构体名
作者：王经理
时间：2022-06-02
版本：1.0
*/
struct {
    char  stuNo[10];
    char  stuName[50];
    int   age;
} zs;
```

3. 结构体变量初始化

结构体变量赋值有两种方式：

（1）在声明结构体变量的同时为成员赋值。

需要用花括号将结构体变量包含的成员括起来，花括号中的值的顺序要和结构体类型中的成员一致。

（2）先声明结构体变量，再逐个成员赋值。

案例 7：声明 struct Student 的变量，保存学生信息：学号：20221267，姓名：何田田，年龄：18。

解决方案 1：在声明结构体变量的同时为结构体成员赋值。

```
//定义结构体类型
struct Student{
    char stuNo[10];
    char stuName[50];
    int age;
};
//声明结构体变量 htt 的同时为结构体成员赋初值
struct Student htt={"20221267","何田田",18};
```

解决方案 2：先声明结构体变量，再逐个成员赋值。

```
#include <stdio.h>
#include <stdlib.h>
#include <string.h>
//定义结构体类型
struct Student{
    char stuNo[10];
    char stuName[50];
    int age;
};

void main()
{
    //先声明结构体变量，再逐一赋初值
    struct Student stu1;
    //为 stu1 的成员 stuNo 赋值
    strcpy(stu1.stuNo,"20221267");
    //为 stu1 的成员 stuName 赋值
    strcpy(stu1.stuName,"何田田");
    //为 stu1 的成员 age 赋值
    stu1.age=18;
}
```

阅读上述程序代码，第 16、18 行代码实现为结构体成员学号和姓名赋值，能否用以下两条语句替换？

stu1.stuNo="20221267";

stu1.stuName="何田田";

□能，□不能

如果不能，请说明原因：______________________________

4. 常见错误

（1）定义完结构体之后，不能少了分号。

```
1. //以下结构体类型的定义是错误的
2. struct Student{
3.     char  stuNo[10];
4.     char  stuName[50];
5.     int   age;
6. }
```

上述代码错误的原因：第 6 行的右花括号后少了分号。

（2）定义结构体变量与赋值只有以上两种方式：

下列这种定义方法是错误的：

```
//以下为结构体变量赋初值的方法是错误的
struct Student stu1,stu2;
stu1={"20220001","李西西",18};
stu2={"20220002","张明明",19};
```

错误原因：在定义结构体变量之后再赋值，就不能按照结构体类型整体赋值，只能每个结构体变量逐个成员赋值。

```
//声明结构体变量
struct Student stu1,stu2;
//逐个为结构体变量 stu1 的成员赋初值
strcpy( stu1.stuNo,"20220001");
strcpy( stu1.stuName,"李西西");
stu1.age=18;
//逐个为结构体变量 stu2 的成员赋初值
strcpy( stu2.stuNo,"20220002");
strcpy(stu2.stuName,"张明明");
stu2.age=19;
```

（3）你还遇到了哪些错误，请记录下来：

问题 1：
产生原因：
解决办法：

问题 2：
产生原因：
解决办法：
问题 3：
产生原因：
解决办法：

二、结构体数组

Tips **分析：**上面代码中只有两名学生，定义了两个结构体变量：stu1，stu2。倘若学生人数很多，直接定义的方式工作量太大，管理不方便。可采用数组的形式，定义结构体变量数组，以提高编码效率。

思考：为什么需要数组，怎样定义数组，怎样对数组赋初值？

1. 结构体数组的定义

用“云课堂智慧职教”App 扫码学习“结构体数组”视频资源。

分析：与其他简单数据类型一样，结构体数组定义有两种方式：

（1）先定义结构体类型，再声明结构体数组。

```
//定义结构体类型
struct Student{
    char  stuNo[10];
    char  stuName[50];
    int   age;
};
//声明结构体数组
struct Student stu[4];
```

（2）在定义结构体类型的同时声明结构体数组。

```
//在定义结构体类型的同时声明结构体数组
struct Student{
    char  stuNo[10];
    char  stuName[50];
    int   age;
}stu[4];
```

2. 结构体数组的初始化

（1）方法一：在声明结构体数组同时完成初始化。

```
//定义结构体类型
struct Student{
    char  stuNo[10];
    char  stuName[50];
    int   age;
};
//在声明结构体数组的同时完成初始化
struct Student stu[4]= { {"20220001","贺 XX",19}
, {"20220002","李 XX",17}
, {"20220003","张 XX",18}
, {"20220004","李 XX",19}
};
```

以上代码中，内层有四对花括号，表示数组的四个元素。

（2）方法二：先声明结构体变量，逐个数组元素并逐个成员赋初值。

```
#include <stdio.h>
#include <string.h>
//定义结构体类型
struct Student{
    char  stuNo[10];
    char  stuName[50];
    int   age;
};
void main()
{
    //先声明结构体数组
    struct Student stu[4];
    //为第一个元素赋值
    strcpy(stu[0].stuNo,"20220001");
    strcpy(stu[0].stuName,"贺 XX");
    stu[0].age=19;
    //为第二个元素赋值
    strcpy(stu[1].stuNo,"20220002");
    strcpy(stu[1].stuName,"李 XX");
    stu[1].age=17;
    //为第三个元素赋值
    strcpy(stu[2].stuNo,"20220003");
    strcpy(stu[2].stuName,"张 XX");
```

```
stu[2].age=18;
//为第四个元素赋值
strcpy(stu[3].stuNo,"20220004");
strcpy(stu[3].stuName,"李 XX");
stu[3].age=19;
}
```

如果每个结构体的值有规律可循，则可以使用循环来提高赋值效率。

案例 8：键盘输入 5 本图书信息，计算图书的平均价格，输出 5 本书的信息和平均价格。其中图书信息包括：书名（title）、作者（author）、书号（isbn）、单价（unitPrice）。

第一步：任务分析。

明确用到的数据类型：结构体数组。

结构体类型名：Book。

结构体成员类型及名称见表 4.3。

表 4.3　结构体成员

结构体成员	结构体成员名	结构体成员数据类型	长度
书名	title	字符数组	20
作者	author	字符数组	10
书号	isbn	字符数组	10
单价	unitPrice	实型	——

主要用到的流程控制语句：循环语句。

输入：5 本书的书名、作者、书号、单价。

处理：计算 5 本书的平均价格。

输出：5 本书的信息及平均价格。

第二步：算法设计。

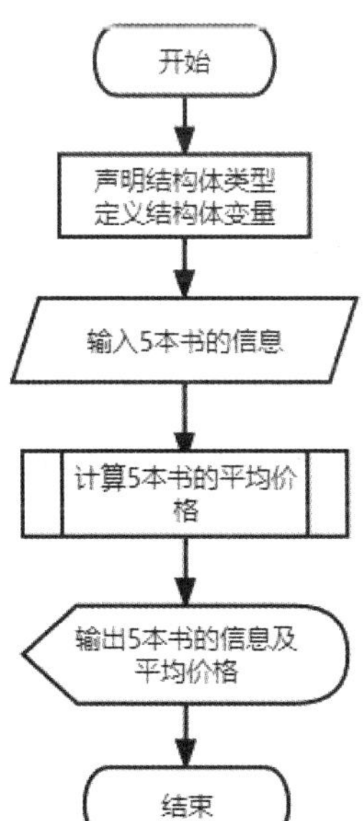

第三步：编码实现。

```c
#include <stdio.h>
#include <stdlib.h>
#define N 5
/*
功能：键盘输入 5 本图书信息，计算图书的平均价格，输出 5 本书的信息和平均价格。
    其中图书信息包括：书名（title）、作者（author）、书号（isbn）、单价（unitPrice）
作者：王经理
时间：2022-06-03
版本：1.0
*/
//定义图书类型
struct Book
{
    //书名
    char title[20];
    //作者
    char author[10];
    //书号
    char isbn[10];
    //单价
    double unitPrice;
};
void main()
{
    //声明结构体数组，保存 N 本书的信息
    struct Book books[N];
    int i;
    double totalPrice=0,avgPrice;
    //输入 N 本书的信息
    for(i=0;i<N;i++)
    {
        printf("\n 请输入第%d 本书的信息：\n",i+1);
        printf("书名：");
        gets(books[i].title);
        printf("作者：");
        gets(books[i].author);
        printf("ISBN 号：");
        gets(books[i].isbn);
```

```
39.     printf("单价：");
40.     scanf("%lf",&books[i].unitPrice);
41.     getchar();
42.     //计算 N 本书的总价
43.     totalPrice+=books[i].unitPrice;
44.  }
45.  //计算平均价格
46.  avgPrice=totalPrice/N;
47.  //输出 N 本书的信息
48.  for(i=0;i<N;i++)
49.  {
50.     printf("\n 第%d 本书的信息：",i+1);
51.     printf("书名：%-20s 作者：%-10sISBN：%-10s 单价：%-10.2lf",books[i].title,
books[i].author,books[i].isbn,books[i].unitPrice);
52.  }
53.  //输出平均价格
54.  printf("\n 以上%d 本书的平均价格为%.2lf\n",N,avgPrice);
55.  system("pause");
56.}
```

第四步： 程序运行。

输出结果为：

第五步： 程序阅读理解

（1）第 41 行的 getchar()有什么作用？试试为这条语句加上注释，再次运行程序会怎么样？

（2）第 3 行#define N 5 的好处是什么？

（3）第 51 行中输出图书成员时固定长度输出的好处是什么？试试用“\t”分隔会有什么效果。

三、结构体嵌套

结构体的嵌套是指在一个结构体内包含另一个结构体。和要在上一小结定义的学生类型中，添加出生日期这一成员。

用“云课堂智慧职教”App 扫码学习“结构体嵌套”视频资源。

> **Tips** 没有日期这一数据类型。但用户可以自定义。
>
> 日期类型，应该包含三部分数据：年、月、日。
>
> 因此可将日期类型定义为这三个整型数据类型复合而成的结构体类型 Date。

1. 自定义 Date 类型

使用 Date 类型定义变量，作为 Student 类型的一个成员。

```
//定义表示出生日期的结构体
struct Date
{
    int year;//年
    int month;//月
    int day;//日
};
//定义学生结构体类型，包含 Struct Date 类型的成员
struct Student
```

```
{
    //学号
    char  stuNo[10];
    //姓名
    char  stuName[50];
    //年龄
    int   age;
    //出生日期
    struct Date birthday;
};
```

2. 嵌套定义

```
//定义学生结构体类型
struct Student
{
    //学号
    char  stuNo[10];
    //姓名
    char  stuName[50];
    //年龄
    int   age;
    //出生日期
    //结构体的嵌套定义
    struct Date
    {
        int  year;
        int  month;
        int  day;
    } birthday;
};
```

不过嵌套定义，有使用域的局限。

3. 二级成员

在这里所定义的 struct Date 的 year、month、day 成员是结构体类型 Student 的二级成员，拥有二级成员的结构体变量声明和初始化有以下几种形式：

第一种形式：二级成员的值直接写在花括号内，最后 3 个值就是二级成员的值。

```
//定义学生结构体类型
struct Student
{
    //学号
```

```
    char  stuNo[10];
    //姓名
    char  stuName[50];
    //年龄
    int  age;
    //出生日期
    //结构体的嵌套定义
    struct Date
    {
      int year;
      int month;
      int day;
    } birthday;
};
//二级成员的值直接写在花括号内，最后 3 个值就是二级成员的值
struct Student htt={"20220001","何田田",18,2004,10,24};
```

第二种形式：将二级成员用花括号括起来。

```
//定义学生结构体类型
struct Student
{
    //学号
    char  stuNo[10];
    //姓名
    char  stuName[50];
    //年龄
    int  age;
    //出生日期
    //结构体的嵌套定义
    struct Date
    {
      int year;
      int month;
      int day;
    } birthday;
};
//将二级成员用花括号括起来
struct Student htt={"20220001","何田田",18,{2004,10,24}};
```

第三种形式：逐个为结构体成员赋初值。

```
#include <stdio.h>
#include <stdlib.h>
#include <string.h>
//定义学生结构体类型
struct Student
{
    //学号
    char   stuNo[10];
    //姓名
    char   stuName[50];
    //年龄
    int    age;
    //出生日期
    //结构体的嵌套定义
    struct Date
    {
        int  year;
        int  month;
        int  day;
    } birthday;
};
void main()
{
    //声明结构体成员变量
    struct Student htt;
    //为学号赋值
    strcpy(htt.stuNo,"20220001");
    //为姓名赋值
    strcpy(htt.stuName,"何田田");
    //为年龄赋值
    htt.age=18;
    //为结构体变量二级成员 year 赋值
    htt.birthday.year=2004;
    //为结构体变量二级成员 month 赋值
    htt.birthday.month=10;
    //为结构体变量二级成员 day 赋值
    htt.birthday.day=18;
```

```
    system("pause");
}
```

练一练：

参照下列代码，运用以上三种方式分别实现结构体嵌套的应用。

第一种形式：二级成员的值直接写在花括号内，最后 3 个值就是二级成员的值。

示例代码：

```
#include <stdio.h>
#include <stdlib.h>
/*
功能：采用第一种方式为结构体成员赋初值，并输出学生信息
作者：周老师
时间：2022-06-03
版本：1.0
*/
//定义结构体类型，用于声明学生类型
struct Student
{
    char  stuNo[10];
    char  stuName[50];
    int   age;
    struct Date
    {
        int  year;
        int  month;
        int  day;
    } birthday;
};
void  main()
{
    //声明 struct Student 类型的变量 zs
    struct Student  zs={"20220001","何田田",18,1994,10,18};
    printf("学号：%s\n",zs.stuNo);
    printf("姓名：%s\n",zs.stuName);
    printf("年龄：%d\n",zs.age);
    printf("出生日期：%d 年%d 月%d 日\n",zs.birthday.year,zs.birthday. month,zs.birthday.day);
    system("pause");
}
```

运行结果：

第二种形式：将二级成员用花括号括起来。

编码实现：

运行结果：

第三种形式：逐个为结构体成员赋初值。

编码实现：

运行结果：

案例 9：为图书类型增加出版日期成员，计算并输出 5 本图书信息以及平均价格。

图书信息包括：

书名：title。

作者：author。

书号：isbn。

单价：unitPrice。

出版日期：publishDate，包含年、月、日。

要求：

（1）图书信息和出版日期用结构体表示。

（2）通过循环实现从键盘输入图书信息。

（3）计算图书平均价格。

（4）输出 5 本图书所有信息和平均价格。

第一步：任务分析。

用到的数据结构：结构体嵌套。

计算平均价格用到的流程控制语句：循环语句。

第二步：算法设计。

请结合任务分析，通过流程图描述算法：

第三步：编码实现。

```
#include <stdio.h>
#include <stdlib.h>
#define N 5
/*
功能：键盘输入 5 本图书信息，计算图书的平均价格，输出 5 本书的信息和平均价格。
     其中图书信息包括：书名（title）、作者（author）、书号（isbn）、单价（unitPrice）、出版日期（publishDate）
     出版日期包含年（year）月(month)日(day)
作者：王经理
时间：2022-06-04
版本：2.0
*/
//定义图书类型
struct Book
{
    //书名
    char title[20];
    //作者
```

```
    char author[10];
    //书号
    char isbn[10];
    //单价
    double unitPrice;
    //定义出版日期结构体
    struct
    {
        int year;
        int month;
        int day,
    }publishDate;
};
void main()
{
    //声明结构体数组，保存 N 本书的信息
    struct Book books[N];
    int i;
    double totalPrice=0,avgPrice;
    //输入 N 本书的信息
    for(i=0;i<N;i++)
    {
        printf("\n 请输入第%d 本书的信息：\n",i+1);
        printf("书名：");
        gets(books[i].title);
        printf("作者：");
        gets(books[i].author);
        printf("ISBN 号：");
        gets(books[i].isbn);
        printf("单价：");
        scanf("%lf",&books[i].unitPrice);
        printf("请输入出版日期：\n 年：");
        scanf("%d",&books[i].publishDate.year);
        printf("月：");
        scanf("%d",&books[i].publishDate.month);
        printf("日：");
        scanf("%d",&books[i].publishDate.day);
        getchar();
        //计算 N 本书的总价
        totalPrice+=books[i].unitPrice;
```

```
58.  }
59.  //计算平均价格
60.  avgPrice=totalPrice/N;
61.  //输出 N 本书的信息
62.  for(i=0;i<N;i++)
63.  {
64.      printf("\n 第%d 本书的信息： ",i+1);
65.      printf("书名：%-20s 作者：%-10sISBN：%-10s 单价：%-10.2lf",books[i].title,books[i].author,books[i].isbn,books[i].unitPrice);
66.  }
67.  //输出平均价格
68.  printf("\n 以上%d 本书的平均价格为:%.2lf\n",N,avgPrice);
69.  system("pause");
70.}
```

第四步：程序运行。

输出结果为：

第五步：程序阅读理解

（1）第 24 ~ 29 行代码中，结构体的定义省略了结构体名，这种方式有什么局限性？

____

____

（2）第 42、44、46 行代码用 gets()完成图书书名、作者、ISBN 的输入，这种方式和用 scanf()函数比较具有什么优点？

____

____

任务实施

第一步：任务分析。

根据项目描述，系统所涉及的防疫物资包含：口罩、体温枪、免洗消毒液等。每种防疫物资都包含物资名称、品牌、单价和数量。

明确用到的数据类型：结构体数组。

结构体类型名：EpidemicPreventionMaterials。

结构体成员类型及名称见表 4.4。

表 4.4　结构体成员

结构体成员	结构体成员名	结构体成员数据类型	长度
防疫物资名称	name	字符数组	20
品牌	brand	字符数组	15
单价	unitPrice	实型	—
数量	quantity	整型	—

主要用到的流程控制语句：循环语句。

输入：三种防疫物资的信息。

处理：将三种防疫物资信息存储到结构体数组。

输出：防疫物资信息。

第二步：算法设计。

第三步：编码实现。

```
#include <stdio.h>
#include <stdlib.h>
#define N 3
/*
功能：程序可实现对口罩、体温枪、免洗消毒液这三类防疫物资信息的输入和查
```

```
看防疫物资信息。
键盘输入这三类防疫物资的名称、品牌、单价、数量等信息
用结构体数组存放防疫物资的相关信息
输出所有的防疫物资的物资名称、品牌、单价和数量等信息
作者：周老师
时间：2022-06-05
版本：1.0
*/
//定义防疫物资类型
typedef struct EpidemicPreventionMaterials
{
    //防疫物资名称
    char name[20];
    //品牌
    char brand[15];
    //单价
    double unitPrice;
    //数量
    int quantity;
}EPM;
void main()
{
    //声明结构体数组用于存放三类防疫物资信息
    EPM epms[N];
    int i;
    //键盘输入防疫物资信息
    for(i=0;i<N;i++)
    {
        printf("\n 请输入第%d 类防疫物资信息：\n",i+1);
        printf("名称：");
        gets(epms[i].name);
        printf("品牌：");
        gets(epms[i].brand);
        printf("单价：");
        scanf("%lf",&epms[i].unitPrice);
        printf("数量：");
        scanf("%d",&epms[i].quantity);
        getchar();
    }
    //输出防疫物资信息
```

```
    for(i=0;i<N;i++)
    {
       printf("\n 第%d 类防疫物资信息：\n",i+1);
       printf("名称：%-20s",epms[i].name);
       printf("品牌：%-15s",epms[i].brand);
       printf("单价：%-10.2f",epms[i].unitPrice);
       printf("数量：%-8d",epms[i].quantity);
    }
    system("pause");
}
```

第四步：运行和调试程序。

运行结果：

成果展示

将活页任务单、源程序、运行结果截图提交到课程平台。

评价与反思

结合项目的完成情况，各方参照评价指标，客观公正完成评价。

评价表

评价项目		评分标准	分值	评价			总评得分
				自评	互评	师评	
过程性评价	线上资源学习	完成线上资源学习、参与课程讨论	10				
	团队协作	各小组分工合理，能协作开展工作	10				
	解决问题能力	能主动查验资料解决问题	5				
	劳动素养	积极主动完成任务	10				
	职业素养	规范编码	5				
结果性评价	是否按计划完成任务	在规定时间内完成任务	15				
	任务完成情况	完成活页任务单中的任务	30				
	展示汇报	清楚、有条理地表达	15				

反思：

<table>
<tr><td rowspan="10">任务反思</td><td>通过本任务的实现，结合任务完成过程中自己遇到的问题和学习成果评价结果，对任务的完成过程、完成结果进行反思和分析，并提出有效的解决措施</td></tr>
<tr><td>问题 1：</td></tr>
<tr><td>产生原因：</td></tr>
<tr><td>解决办法：</td></tr>
<tr><td>问题 2：</td></tr>
<tr><td>产生原因：</td></tr>
<tr><td>解决办法：</td></tr>
<tr><td>问题 3：</td></tr>
<tr><td>产生原因：</td></tr>
<tr><td>解决办法：</td></tr>
</table>

拓展练习

在项目 2 的基础上，在防疫物资信息中增加一个生产日期，生产日期包含年、月、日。

第一步：任务分析。

明确用到的数据类型：结构体嵌套和结构体数组。

结构体类型如下：

生产日期：DateinProduced。

防疫物资：EpidemicPreventionMaterials。

生产日期结构体成员类型及名称见表 4.5。

表 4.5　生产日期结构体成员

结构体成员	结构体成员名	结构体成员数据类型	长度
年			
月			
日			

防疫物资结构体成员类型及名称见表 4.6。

表 4.6　防疫物资结构体成员

结构体成员	结构体成员名	结构体成员数据类型	长度
防疫物资名称			
品牌			
单价			
数量			
生产日期			

主要用到的流程控制语句：________________

输入：________________

处理：________________

输出：________________

第二步：算法设计。

第三步：编码实现。

第四步：运行和调试程序。

运行结果：

课后作业

问题 1：使用结构体表示日期，并计算当天距离当年元旦一共多少天。

问题 2：为书店书籍定义一个结构体，包含书名、出版社名、定价，输入 10 本书的相关信息，将最高价和最低价的书籍的名称和出版社信息输出。

项目 3　用指向结构体的指针实现防疫物资的出库和入库

任务描述

防疫物资管理系统中涉及物资的出库和入库。当领用物资后，该类物资的数量要减少；当购入物资后，该类物资的数量要增加。在上一个项目中涉及的防疫物资包含口罩、体温枪、免洗消毒液三种。在实际应用中，防疫物资的种类有很多，在编写程序时无法预知防疫物资的种类。本项目要求：完善上一个项目，可灵活保存各类物资的信息。具体实现以下功能：

（1）启动程序，将显示系统界面如下：

```
    欢迎使用防疫物资管理系统！
*********************************
          1.防疫物资入库
          2.防疫物资出库
          3.查看所有物资信息
          4.查询防疫物资信息
          0.退出系统
*********************************
请输入您要进行的操作前的数字：
```

（2）当用户输入 1 时，可实现防疫物资入库操作。

输入防疫物资的名称，如果该物资已存在，输入入库数量，并将增加该物资的库存；如果该防疫物资不存在，则输入该物资所有信息。

（3）当用户输入 2 时，可实现防疫物资出库操作。

输入出库的防疫物资名称，如果该物资存在，输入出库数量，如果出库数量小于库存，则修改库存，输出出库成功的信息，否则输出“库存不够！该物资的库存量”；如果该物资不存在，输出“未找到你领取的防疫物资！”。

（4）当用户输入 3 时，可实现查看所有防疫物资信息。

当用户输入 3 时，查看所有防疫物资的信息。

（5）当用户输入 4 时，可实现查询防疫物资信息。

输入查询防疫物资的名称，如果找到该物资，则输出物资的所有信息；如果查询不到，则显示“没有找到该物资！”。

（6）当用户输入 0 时，退出系统。

技术准备

指针是 C 语言中广泛使用的一种数据类型。运用指针编程是 C 语言最主要的风格之一。利用指针变量可以表示各种数据结构；能很方便地使用数组和字符串；并能像汇编语言一样处理内存地址，从而编出精练而高效的程序。指针极大地丰富了 C 语言的功能。学习指针是学习 C 语言中最重要的一环，能否正确理解和使用指针是学习者是否掌握 C

语言的一个标志。同时，指针也是 C 语言中最为困难的一部分，在学习中除了要正确理解基本概念，还必须要多编程、上机调试。只要做到这些，指针也是不难掌握的。

一、指针的定义和使用

在 C 语言中使用指针前必须先对其进行定义。

用“云课堂智慧职教”App 扫码学习“指针的定义和使用”的视频资源。

1. 指针的基本概念

执行程序时，会先将程序从磁盘读入到计算机的内部存储器中，CPU 从内存中读取和执行程序。内部存储器中的一个字节称为一个内存单元，不同的数据类型所占用的字节数不同，如 int 类型变量占 4 个字节，字符变量占 1 个字节等，在前面模块中已有详细介绍。为了正确地访问内存单元，必须为每个内存单元编上号，根据一个内存单元的编号即可准确地找到该内存单元。内存单元的编号也叫作地址，根据内存单元的编号或地址就可以找到所需的内存单元，因此通常也把这个**地址称为指针**。

内存单元的指针（地址）和内存单元的内容是两个不同的概念。可以用一个通俗的例子来说明它们之间的关系。大家到银行去存取款时，银行工作人员根据大家的账号去找大家的存款单，找到之后在存单上写入存款、取款的金额。在这里，账号就是存单的指针，存款数是存单的内容。对于一个内存单元来说，单元的地址即为指针，其中存放的数据才是该单元的内容。

在 C 语言中，用来存放一个变量地址（指针）的变量称为指针变量。因此，一个指针变量的值就是某个内存单元的地址或称为某内存单元的指针。设有字符变量 c，其内容为“K”（ASCII 码为十进制数 75），c 占用了 011A 号单元（地址用十六进数表示）。设有指针变量 p，内容为 011A，这种情况就称为 p 指向变量 c，或说 p 是指向变量 c 的指针，如图 4.2 所示。

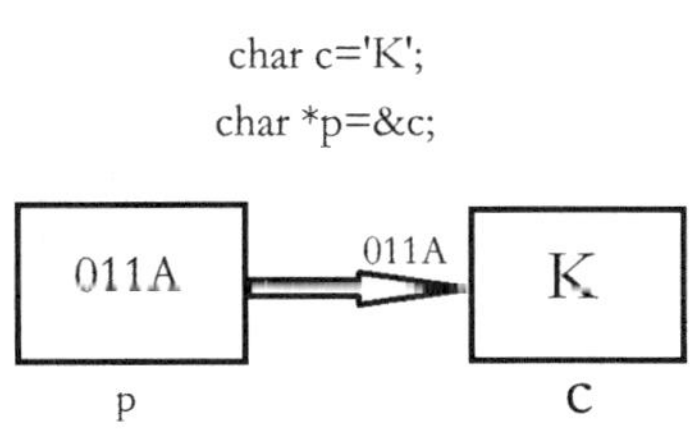

图 4.2　指针变量示意图

严格地说，一个指针是一个地址，是一个常量。而一个指针变量却可以被赋予不同的指针值，是可变的。但通常把指针变量简称为指针，为了避免混淆，约定：“指针”是指地址，是常量，“指针变量”是指取值为地址的变量。定义指针的目的是为了通过指针去访问内存单元。

指针变量的值是一个地址，这个地址可以是基本类型的变量的地址、其他构造类型变量、数组或者函数的地址。因为数组、结构体、函数是连续存放的，指针变量中存放其首地址，通过访问指针变量能取得数组、结构体或者函数的首地址，也就找到了该数组、结构体或者函数，凡是出现数组、结构体或者函数的地方都可以用一个指针变量来表示。这样做将会使程序的概念十分清楚，程序本身也精练、高效。

2. 声明指针变量

语法如下：

```
类型说明符  *变量名;
```

其中：

（1）类型说明符是任一种基本数据类型或构造数据类型。

（2）变量名是用户定义的指针变量名。

（3）*表示这是一个指针变量。

例如：

int *p1；//表示 p1 是一个指针变量，它可以存放某个整型变量的地址。

static int *p2；/*p2 是指向静态整型变量的指针变量*/

float *p3；/*p3 是指向浮点变量的指针变量*/

char *p4；/*p4 是指向字符变量的指针变量*/

3. 指针变量的赋值

指针变量在使用之前需要先声明并初始化。指针变量声明后若未赋初值，则指针变量中存放的是一个随机值，若使用未经初始化的指针变量会造成严重后果。很多编译器要求未经赋值的指针变量不能使用，在 Microsoft Visual C++ 2010 中，如果指针变量 q 在使用之前没有初始化，在运行时会提示："Run-Time Check Failure #3 - The variable 'q' is being used without being initialized."

指针变量的赋值只能赋予地址、0 或者 NULL，不能赋其他数据。在 C 语言中，变量的地址是由编译系统分配的，对用户完全透明，用户不知道变量的具体地址。C 语言中提供了地址运算符&来表示变量的地址。其一般形式为：&变量名；如&a 表示变量 a 的地址，&b 表示变量 b 的地址。变量本身必须预先说明。设有指向整型变量的指针变量 p，若要把整型变量 a 的地址赋予 p 可以采用以下两种方式：

（1）指针变量初始化的方法。

int a;

int *p=&a;

（2）赋值语句的方法。

int a;

int *p;

p=&a;

示例代码：

```c
#include <stdio.h>
#include <stdlib.h>
void main()
{
    //声明一个整型变量 a，整型指针变量 p，存放变量 a 的地址
    int a,*p=&a;
    //以十六进制输出变量 a 的地址
    printf("&a=%X\n",&a);
    //以十六进制输出指针变量 p 的值
    printf(" p=%X\n",p);
    system("pause");
}
```

运行结果：

注意事项：

（1）一个指针变量只能存放同类型的变量的地址。

```c
int a;
float r;
int *q=&a;   (✓)
int *p=&r;   (×)，错误原因：指针变量 p 只能存放 int 类型变量的地址
```

（2）不允许把一个非 0 的数赋给指针变量。

```c
int *p;
p=10;        (×)
```

（3）被赋值的指针变量前不能再加“*”说明符。

```c
int a,*p;
*p=&a;       (×)
```

（4）可以将 0、'\0'和 NULL 赋给指针变量。

```
int *p=0;          //p 是一个空指针
int *p=NULL;     //NULL 是 stdio.h 中定义的一个常量，其值为 0
int *p='\0'; //p 是一个空指针，'\0'的 ASCII 码为 0
```

> **Tips** int *p=0;　　int *p=NULL;　int *p='\0';
>
> 这三条语句的含义相同，使指针变量p为空指针，空指针不能读写，在使用之前，需让指针变量指向一个有效的地址空间。

4. 指针变量的引用

指针变量可以进行某些运算，但其运算的种类是有限的。它只能进行赋值运算和部分算术运算及关系运算。

（1）取地址运算符&。

取地址运算符&是单目运算符，其结合性为自右至左，其功能是取变量的地址。在 scanf 函数及前面介绍指针变量赋值中，已经了解并使用了&运算符。

（2）间接引用运算符*。

间接引用运算符*是单目运算符，其结合性为自右至左，用来表示指针变量所指的变量。在*运算符之后跟的变量必须是指针变量。

```
1. void main()
2. {
3.     //声明整型变量 a，整型指针变量 p,p 存放 a 的地址
4.     int a=5,*p=&a;
5.     //输出*p 访问指针变量 p 所指的变量 a
6.     printf ("%d",*p);
7. }
```

程序分析：

写出第 6 行代码等价的语句：＿＿＿＿＿＿＿＿＿＿＿＿＿＿＿＿。

案例 10：用指针变量实现间接引用。

阅读以下程序：

```
#include <stdio.h>
#include <stdlib.h>
/*
功能：用指针变量实现间接引用
作者：史老师
时间：2022-06-04
版本：1.0
*/
void main()
```

```
10.{
11.  //声明一个整型变量 num1,num2，整型指针变量 p1,p2
12.  int num1=10,num2=20,sum,*p1,*p2;
13.  p1=&num1;
14.  p2=&num2;
15.  sum=*p1+*p2;
16.  printf("a=%d\nb=%d\na+b=%d\na*b=%d\n",num1,num2,sum,*p1**p2);
17.  system("pause");
18.}
```

阅读以上程序，请写出以下代码的含义：

第 13 行：________________________________

第 14 行：________________________________

第 15 行：________________________________

第 16 行：________________________________

写出程序输出结果：

5. 指针变量的运算

（1）赋值运算。

指针变量的赋值运算有以下几种形式：

① 声明指针变量的同时初始化。

```
int b=10;
//声明指针变量 p 的同时赋初值
int *p=&b;
```

② 把一个变量的地址赋予指向相同数据类型的指针变量。

```
int a,*p;
//把整型变量 a 的地址赋予整型指针变量 p
p=&a;
```

③ 把一个指针变量的值赋予指向相同类型变量的另一个指针变量。

```
int a,*pa=&a,*pb;
//把指针变量 pa 的值赋给指针变量 pb
pb=pa;
```

由于 pa、pb 均为指向整型变量的指针变量，因此可以相互赋值。

④ 把数组的首地址赋予指向数组的指针变量。

```
int a[5],*pa;
//数组名表示数组的首地址，故可赋予指向数组的指针变量 pa
pa=a;
//数组第一个元素的地址也是整个数组的首地址，也可赋予 pa
pa=&a[0];
```

等价于：

```
int a[5],*pa=a;
```

⑤ 把字符串的首地址赋予指向字符类型的指针变量。例如：

```
char *pc;
pc="c language";
```

等价于：

```
char *pc="C Language";
```

这里应说明的是并不是把整个字符串装入指针变量，而是把存放该字符串的字符数组的首地址装入指针变量。在后面还将进行详细介绍。

⑥ 把函数的入口地址赋予指向函数的指针变量。例如：

```
int (*pf)(  );
pf=f;  /*f 为函数名*/
```

（2）加减算术运算。

对于指向数组的指针变量，可以加上或减去一个整数 n。指针变量加或减一个整数 n 的意义是把指针指向的当前位置(指向某数组元素)向前或向后移动 n 个位置。若 pa 指针变量指向数组 a，则 pa+n、pa-n、pa++、pa—都是合法的。

例如：

```
int a[5],*pa;
pa=a; //将数组 a 的首地址赋给指针变量 pa，也就是说 pa 指向数组第一个元素
pa=pa+2; //pa 向后移动 2 个位置，也就是指向 a[2]，即 pa 的值为&a[2]
pa++;//pa 向后移动 1 个位置，也就是指向 a[3]，即 pa 的值为&a[3]
pa--;//pa 向前移动 1 个位置，也就是指向 a[2]，即 pa 的值为&a[2]
```

> **Tips** 数组指针变量向前或向后移动一个位置和地址加1或减1在概念上是不同的。因为数组可以有不同的类型，各种类型的数组元素所占的字节长度是不同的。如指针变量加1，即向后移动1个位置表示指针变量指向下一个数据元素的首地址，而不是在原地址基础上加1。

指针变量的加减算术运算只能对数组指针变量进行，对指向其他类型变量的指针变量作加减运算是毫无意义的。

① 两指针变量相减。

两指针变量相减所得之差是两个指针所指数组元素之间相差的元素个数。实际上是两个指针值(地址)相减之差再除以该数组元素的长度(字节数)。

float a[10];

float *pf1=a;//pf1 指向数组 a 的第一个元素

float *pf2=&a[4];//pf2 指向数组 a 的第四个元素

如图 4.3 所示，pf1 和 pf2 是指向同一浮点数组 a 的两个指针变量，pf1 的值为 2016H，pf2 的值为 2000H，而浮点数组每个元素占 4 个字节，则 pf1-pf2 的结果为(2016H-2010H)/4=4，表示 pf1 和 pf2 之间相差 4 个元素。

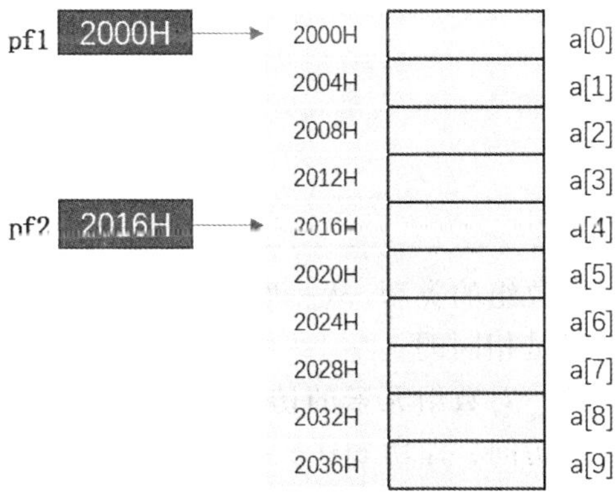

图 4.3 指向同一个数组的指针变量

②两个指针变量不能进行加法运算。例如，pf1+pf2 是什么意思呢？毫无实际意义。

（3）两指针变量进行关系运算。

指向同一数组的两个指针变量进行关系运算可表示它们所指数组元素之间的关系。例如：

pf1==pf2 表示 pf1 和 pf2 指向同一数组元素。

pf1>pf2 表示 pf1 处于高地址位置。

pf1<pf2 表示 pf2 处于高地址位置。

指针变量还可以与 0 比较。设 p 为指针变量，则 p==0 表明 p 是空指针，它不指向任何变量；p!=0 表示 p 不是空指针。空指针是由对指针变量赋予 0 值而得到的。

例如：

int *p=NULL；//对指针变量赋 0，NULL 为 stdio.h 中定义的常量，其值为 0。

指针变量未赋值时，可以是任意值，直接使用会造成程序意外错误。而指针变量赋 0 值，代表这是一个空指针，不指向具体的变量。

二、指向数组的指针变量

用“云课堂智慧职教”App 扫码学习“指向数组的指针变量”的视频资源。

1. 指向一维数组的指针变量

指向数组的指针变量称为数组指针变量。

数组是由连续的一块内存单元组成的。数组名就是这块连续内存单元的首地址。一个数组也是由各个数组元素(下标变量) 组成的。每个数组元素按其类型不同占有几个连续的内存单元。一个数组元素的首地址也是指它所占有的几个内存单元的首地址。一个指针变量既可以指向一个数组，也可以指向一个数组元素，可把数组名或第一个元素的地址赋予它。若要使指针变量指向第 i 号元素，则可以把 i 号元素的首地址赋予它或把数组名加 i 赋予它。

语法如下：

```
类型说明符 * 指针变量名
```

其中类型说明符表示所指数组的类型。从一般形式可以看出指向数组的指针变量和指向普通变量的指针变量的说明是相同的。

有了指向数组的指针变量，对数组元素的访问有两种形式。

第一种方法为下标法直接访问，即用 a[i]形式访问数组元素。在本模块项目 1 中介绍数组时都是采用这种方法。

第二种方法为指针变量间接访问数组元素。

float a[6],*p=a;

以上语句声明了一个长度为 6 的 float 数组 a,float 指针变量 p 指向数组首地址，数组 a 和指针变量 p 的指向关系如图 4.4 所示。

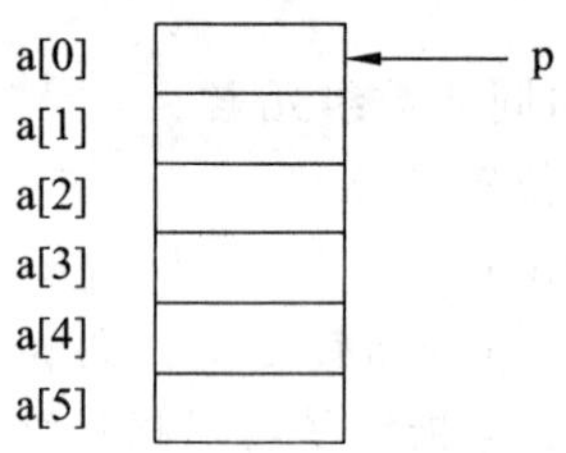

图 4.4　指针变量与数组的关系

由图可以看出有以下关系：

（1）p、a、&a[0]表示数组 a 的首地址，也是 a[0]的地址。

（2）p+1、a+1、&a[1]均指向下标为 1 的元素 a[1]的地址。

（3）类推可知 p+i、a+i、&a[i]均指向 i 号元素 a[i]的地址。

注意：p 是变量，而 a,&a[i]都是常量。

练一练：请选择下列哪些语句是合法的。

p++;

p--;

p=p+1;

a=a+1;

a-- ;

a++;

合法的语句有：________________

不合法的语句有：________________

若：int a[6]={1,2,3,4,5,6},*p=a;指针变量 p 指向数组 a，则访问数组 a 中的第 2 元素的方法有以下五种：

a[1]　　p[1]　　*(a+1)　　*(p+1)　　*++p

案例 11：用指向数组的指针变量间接访问一维数组，实现以下功能：随机生成 N 个 100 以内的整数，用指针间接引用输出这 N 个数，并计算平均值。

第一步：任务分析。

用到的数据结构：

（1）存放 N 个 100 以内的整数：一维数组。

（2）间接访问数组元素：指向数组的指针变量。

用到的流程控制语句：循环语句。

第二步：算法设计。

第三步：编码实现。

```
#include <stdio.h>
#include <stdlib.h>
#include <time.h>
#define N  10
/*
功能：随机生成 N 个 100 以内的整数，用指针间接引用输出这 N 个数，并计算平均值；
作者：周老师
时间：2022-06-06
版本：1.0
*/
void main()
{
    int a[N],*p=a,i,sum=0,avg;
    srand((unsigned)time(NULL));
    //指针变量间接访问，完成对数组元素的初始化
    for(i=0;i<N;i++)
```

```
17.  {
18.      *(p+i)=rand()%100;
19.  }
20.  //指针变量间接访问，计算平均数
21.  for(i=0;i<N;i++)
22.  {
23.      sum+=*p++;
24.  }
25.  avg=sum/N;
26.  //指针变量间接访问，输出数组中的元素
27.  p=a;
28.  printf("\n 数组中的元素有：");
29.  for(i=0;i<N;i++)
30.  {
31.      printf("%3d,",*(p+i));
32.      if(i==N-1)
33.      {
34.          printf("%3d",p[i]);
35.      }
36.  }
37.  printf("\n 平均数：%d\n",avg);
38.  system("pause");
39.}
```

第四步：运行和调试程序。

运行结果：

第五步：程序阅读理解。

（1）分析第 18 行代码的含义，写出不少于 3 种等价的语句。

第 18 行代码的含义：________________________________

与之等价的语句：

____

____

（2）分析第 23 行代码的含义，写出不少于 3 种等价的语句。

第 23 行代码的含义：______________________________

与之等价的语句：

____

____

____

（3）分析第 27 行代码的含义，如果注释掉这条语句的后果是什么？

第 27 行代码的含义：______________________________

注释掉第 27 行代码的后果：

____

____

____

2. 指向多维数组的指针变量

本书以二维数组为例来介绍多维数组的指针变量。

（1）多维数组地址的表示方法。

设有整型二维数组 int a[3][4]={0,1,2,3,4,5,6,7,8,9,10,11}，其地址如图 4.5 所示。

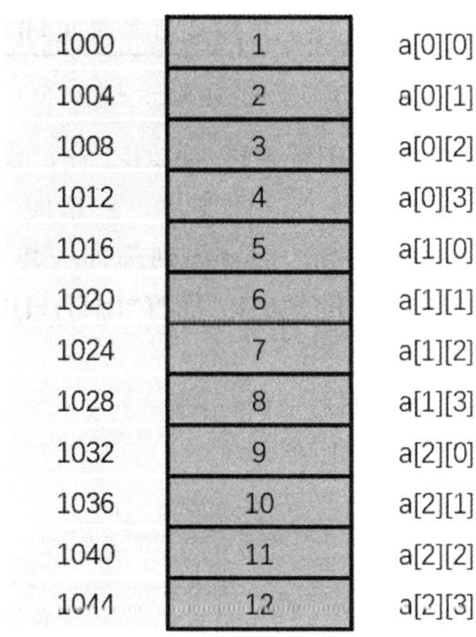

图 4.5　多维数组地址

设数组 a 的首地址为 1000H，各下标变量的首地址及其值如图 4.5 所示。在本模块项目 1 中介绍过，C 语言允许把一个二维数组分解为多个一维数组来处理。数组 a 可分解为三个一维数组，即 a[0]、a[1]、a[2]。每一个一维数组又含有四个元素，如 a[0]数组，含有 a[0][0]、a[0][1]、a[0][2]、a[0][3]四个元素。a 是二维数组名，也是二维数组 0 行的首地址，等于 1000；a[0]是第一个一维数组的数组名和首地址，因此也为 1000；*(a+0)或*a

是与 a[0]等效的，它表示一维数组 a[0]0 号元素的首地址，也为 1000；&a[0][0]是二维数组 a 的 0 行 0 列元素首地址，同样是 1000。因此 a，a[0]，*(a+0)，*a，&a[0][0]是相等的。同理，a+1 是二维数组 1 行的首地址，等于 1016；a[1]是第二个一维数组的数组名和首地址，因此也为 1016； &a[1][0]是二维数组 a 的 1 行 0 列元素地址，也是 1016。因此 a+1，a[1]，*(a+1)，&a[1][0]是相等的。由此可得出：a+i，a[i]，*(a+i)，&a[i][0]是等同的。此外，&a[i]和 a[i]也是等同的。因为在二维数组中不能把&a[i]理解为元素 a[i]的地址，不存在元素 a[i]，C 语言规定，它是一种地址计算方法，表示数组 a 第 i 行首地址。由此，可以得出：a[i]，&a[i]，*(a+i)和 a+i 也都是等同的。另外，a[0]也可以看成是 a[0]+0 是一维数组 a[0]的 0 号元素的首地址，而 a[0]+1 则是 a[0]的 1 号元素首地址，由此可得出 a[i]+j 则是一维数组 a[i]的 j 号元素首地址，它等于&a[i][j]。由 a[i]=*(a+i)得 a[i]+j=*(a+i)+j，由于*(a+i)+j 是二维数组 a 的 i 行 j 列元素的首地址。该元素的值等于*(*(a+i)+j)。数组 a 的性质见表 4.7。

表 4.7 数组 a 的性质

表示形式	含 义	地址
a	二维数组名，指向一维数组 a[0]，即 0 行首地址	1000
a[0]，*(a+0),*a	0 行 0 列元素地址	1000
a+1，&a[1]	1 行首地址	1016
a[1]，*(a+1)	1 行 0 列元素 a[1][0]的地址	1016
a[1]+2，*(a+1)+2,&a[1][2]	1 行 2 列元素 a[1][2]的地址	1020
(a[1]+2)，(*(a+1)+2)，a[1][2]	1 行 2 列元素 a[1][2]的值	元素值 7

（2）多维数组的指针变量。

把二维数组 a 分解为一维数组 a[0]、a[1]、a[2]之后，设 p 为指向二维数组的指针变量。可定义为：int(*p)[4]它表示 p 是一个指针变量，它指向二维数组 a 或指向第一个一维数组 a[0]，其值等于 a, a[0]或&a[0][0]等。而 p+i 则指向一维数组 a[i]。从前面的分析可得出*(p+i)+j 是二维数组 i 行 j 列的元素的地址，而*(*(p+i)+j)则是 i 行 j 列元素的值。

语法如下：

```
类型说明符 (*指针变量名)[长度]
```

其中：

✧“类型说明符”为所指数组的数据类型。

✧“*”表示其后的变量是指针类型。

✧“长度”表示二维数组分解为多个一维数组时，一维数组的长度，也就是二维数组的列数。

注意：“(*指针变量名)”两边的括号不可少，如缺少括号则表示是指针数组，意义就完全不同了。

案例 12：用指向二维数组的指针变量，间接访问二维数组中的元素。

要求实现：

（1）随机生成一个 M 行 N 列的二维数组，数组中的元素为 100 以内的随机数。

（2）输出二维数组的元素。

（3）根据输入的行号和列号，查找对应位置的元素。

第一步：任务分析。

用到的数据结构：

（1）M 行 N 列的二维数组：int　a[M][N];

（2）间接访问数组元素：int (*p)[N];

用到的流程控制语句：循环语句。

第二步：算法设计。

第三步：编码实现。

```
#include <stdio.h>
#include <stdlib.h>
#include <time.h>
#define M  3
#define N  4
/*
功能：随机生成一个 M 行 N 列的二维数组，数组中的元素为 100 以内的随机数。
      输出二维数组的元素
      根据输入的行号和列号，查找对应位置的元素
作者:周老师
时间：2022-06-07
版本：1.0
*/
void main()
{
  int a[M][N];
  int (*p)[N],i,j;
  p=a;
  srand((unsigned)time(NULL));
```

```
20. //完成二维数组初始化
21. for(i=0;i<M;i++)
22. {
23.     for(j=0;j<N;j++)
24.     {
25.         (*(p+i))[j]=rand()%100;
26.     }
27. }
28. //输出二维数组
29. printf("\n 生成的%d 行%d 列的二维数组为：\n",M,N);
30. for(i=0;i<M;i++)
31. {
32.     for(j=0;j<N;j++)
33.     {
34.         printf("%d\t",*(*(p+i)+j));
35.     }
36.     printf("\n");
37. }
38. //按行、列查找二维数组中的元素
39. printf("请输入要查找二维数组元素的行和列，按照 i=1,j=2 的格式：");
40. scanf("i=%d,j=%d",&i,&j);
41. printf("a[%d][%d]=%d\n",i,j,*(*(p+i)+j));
42. system("pause");
43.}
```

第四步：运行和调试程序。

测试输入不同行和列的运行结果：

第五步：程序阅读理解。

（1）分析第 25 行代码的含义，写出不少于 3 种等价的语句。

第 25 行代码的含义：________________________

与之等价的语句：

____

（2）分析第 34 行代码的含义，写出不少于 3 种等价的语句。

第 34 行代码的含义：

与之等价的语句：

（3）声明指向二维数组的指针变量的语法，有什么注意事项？

声明指向二维数组的指针变量的语法：

声明指向二维数组的指针变量的注意事项：

三、字符串与指针

用“云课堂智慧职教”App 扫码学习“字符串与指针变量”的视频资源。

字符串指针变量的说明与指向字符变量的指针变量说明是相同的。只能按对指针变量的赋值不同来区别，对指向字符变量的指针变量应赋予该字符变量的地址。

如：char c,*p=&c；表示 p 是一个指向字符变量 c 的指针变量。

而：char*s="CLanguage"；则表示 s 是一个指向字符串的指针变量，把字符串的首地址赋予了 s。

案例 13：用指针访问字符串。

下列程序，定义一个字符指针变量 ps，然后把字符串的首地址赋给 ps。

```
#include <stdio.h>
#include <stdlib.h>
void main()
{
    char *ps;
    ps="C Language";
    printf("%s\n",ps);
    printf("%c\n",*ps);
    system("pause");
}
```

运行结果为：

程序中第 5、6 行等价于：

char *ps="C Language";

案例 14：键盘输入一个字符串，删除其前导空格。

比如：输入字符串为："   ABC   123   abc 123   "，删除前导空格后的字符串为："ABC   123   abc 123   "。

第一步：任务分析。

解题思路：删除前导空格，也就是将“A”之前的空格都删掉，先找到第一个非空格字符的指针，将该指针所指的字符移到数组的第一个元素位置，之后的字符依次往前移。

用到的数据结构：

（1）字符数组存放字符串：char str[N];

（2）指向字符串的指针变量：char *ptrStart,*ptrEnd;

用到的流程控制语句：循环语句。

第二步：算法设计。

第三步： 编码实现。

```
#include <stdio.h>
#include <stdlib.h>
#define N 50
/*
功能：删除字符串的前导空格，
     比如：输入字符串为："     ABC   123  abc 123     ",删除前导空格后的字符串为："ABC   123  abc 123     "
作者：王经理
时间：2022-06-08
版本：1.0
*/
void main()
{
    char str[N],*ptrStart,*ptrEnd;
    ptrStart=ptrEnd=str;
    printf("请输入一个长度小于%d 的字符串：",N);
    gets(str);
    printf("\n 你输入的字符串为：%s",str);
    //ptrEnd 指向第一个非空格字符
    while(*ptrEnd==' ')
    {
        ptrEnd++;
    }
    //将第一个非空格字符作为第一个元素，后面元素依次往前移
    while(*ptrEnd)
    {
        *ptrStart++=*ptrEnd++;
    }
    //加上字符串结束标志
    *ptrStart='\0';
    printf("\n 删除前导空格后的字符串:%s",str);
    printf("\n");
    system("pause");
}
```

第四步： 运行和调试程序。

测试输入字符串的运行结果：

第五步：程序阅读理解。

（1）分析第 34 行代码的含义，写出不少于 2 种等价的语句。

第 34 行代码的含义：____

与之等价的语句：

____

____

____

（2）分析第 39 行代码的含义。

第 39 行代码的含义：____

练一练：读程序，写结果。

```
#include <stdio.h>
#include <stdlib.h>
void main()
{
    char *ps="this is a book";
    int n=10;
    ps=ps+n;
    printf("%s\n",ps);
    system("pause");
}
```

运行结果为：____________________

练一练：阅读程序，写出程序的功能。

```
#include <stdio.h>
#include <stdlib.h>
void main()
{
    char st[20],*ps;
```

```
    int i;
    printf("input a string:\n");
    ps=st;
    scanf("%s",ps);
    for(i=0;ps[i]!='\0';i++)
       if(ps[i]=='k')
       {
          printf("there is a 'k' in the string\n");
          break;
       }
    if(ps[i]=='\0')
       printf("There is no 'k' in the string\n");
    system("pause");
}
```

程序功能：

用字符数组和字符指针变量都可实现字符串的存储和运算，但是两者是有区别的。在使用时应注意以下几个问题：

（1）字符串指针变量本身是一个变量，用于存放字符串的首地址，而字符串本身是存放在以该首地址为首的一块连续的内存空间中并以'\0'作为串的结束的。字符数组是由若干个数组元素组成的，它可用来存放整个字符串。

（2）字符数组保存字符串，不能先定义字符数组，再赋值。字符指针变量赋初值可以先定义字符指针变量，再赋初值。

字符数组存放字符串正确的写法：

```
char str1[]={"C Language"};
char str2[]="C Language";
```

不能写为：

```
char str[20];
str={"C Language"};//str 是数组名，是常量，不能出现在赋值号的左边
```

可修改为：

```
strcpy(str, "C Language");
```

字符指针变量保存字符串有两种方法：

方法 1：`char *ps="C Langage";`

方法 2：

```
char *ps;
ps="C Language";
```

案例 15：用字符指针实现统计字符串长度，不能使用 strlen()函数。

> **Tips** **分析**：通过判断字符串值是否为'\0'来判断字符串是否结束，用while循环来计数即可。

第一步：任务分析。

用到的数据结构：字符指针和字符数组。

用到的流程控制语句：循环语句。

第二步：算法设计。

第三步：编码实现。

```
#include <stdio.h>
#include <stdlib.h>
#define N 200
/*
功能：用字符指针统计字符串中包含的字符个数，不使用 strlen()函数
作者：周老师
时间：2022-06-08
版本：1.0
*/
void main()
{
    char str[N],*ptr=str;
    int len=0;
    printf("请输入一个字符串：\n");
    //接收键盘输入的字符串，包含空格
```

```
16.   gets(str);
17.   while(*ptr!='\0')
18.   {
19.      //统计字符个数
20.      len++;
21.      //ptr 指针指向下一个字符
22.      ptr++;
23.   }
24.   //输出字符串的字符个数
25.   printf("%s 包含%d 个字符\n",str,len);
26.   system("pause");
27.}
```

第四步： 运行和调试程序。

输入不同字符串，测试运行结果：

第五步： 程序阅读理解。

（1）分析第 17 行代码的含义，写出不少于 2 种等价的语句。

第 17 行代码的含义：____

与之等价的语句：

____

____

____

（2）用 for 语句实现统计字符串字符个数的语句：

____

____

____

四、指向结构体的指针变量

用“云课堂智慧职教”App 扫码学习“指向结构体的指针变量”的视频资源。

1. 指向结构体的指针变量

跟其他类型的指针变量一样，亦可定义指向结构体变量的指针：

```
1. struct Student stu1;
2. struct Student *p=&stu1;
```

第 1 行代码声明了一个 struct Student 的变量 stu1。

第 2 行代码声明了一个 struct Student 的指针变量 p，指向结构体变量 stu1。

2. 结构体成员的访问

（1）成员引用运算符“.”直接访问。

```
1. #include <stdio.h>
2. #include <stdlib.h>
3. #include <string.h>
4. //定义结构体类型
5. struct Student{
6.     char  stuNo[10];
7.     char  stuName[50];
8.     int   age;
9. };
10.void main()
11.{
12.    struct Student  stu;
13.    //通过成员引用运算符.访问结构体变量的成员
14.    strcpy(stu.stuName,"张三丰");
15.    strcpy(stu.stuNo,"20221208");
16.    stu.age=18;
17.    system("pause");
18.}
```

上述代码：第 14、15、16 行分别通过成员引用运算符访问结构体变量 stu 的 stuNo,stuName,age 成员。

（2）通过->运算符间接引用。

符号：->。

作用：访问指针变量所指结构体的成员。

例如，以下代码第 3，4，5 行通过->间接访问结构体成员。

```
1. struct Student stu,*p=&stu;
2. //指针变量间接访问结构体变量的值
3. printf("学号：%s\n",p->stuNo);
```

```
printf("姓名：%s\n",p->stuName);
printf("年龄：%d\n",p->age);
```

3. 结构体数组的访问

以下代码定义了指向结构体数组的指针变量。

```
1. struct Student  stus[5];
2. struct Student *p=stus;
3. p++;
4. p--;
```

第 1 行代码，声明了一个长度为 5 的 struct Student 的数组。

第 2 行代码，声明了一个 struct Student 的指针变量 p，指向数组的第 1 个元素。数组名本身就是地址，因此定义指向结构体数组的指针就不需要&符号。

第 3 行代码，指针变量 p 指向第 2 个元素。

第 4 行代码，指针变量 p 指向第 1 个元素。

假设 p 指向结构体数组的第一个元素，要实现为 stus 数组第 2 个元素的 age 赋值为 18，可以用以下几种方法：

方法 1：stus[1].age=18;

方法 2：p[1].age=18;

方法 3：(p+1)->age=18;

方法 4：(stus+1)->age=18;

方法 5：(*(p+1)).age=18;

方法 6：*(stus+1).age=18;

案例 16：用指向结构体数组的指针变量，键盘输入 5 本图书信息，计算图书的平均价格，输出 5 本书的信息和平均价格。其中图书信息包括：书名（title）、作者（author）、书号（isbn）、单价（unitPrice）。

第一步：任务分析。

明确用到的数据类型：结构体数组和指向结构体数组的指针变量。

```
//定义结构体数组
struct Book
{
    //书名
    char title[20];
    //作者
    char author[10];
    //书号
    char isbn[10];
    //单价
    double unitPrice;
}books[5];
```

//定义指向结构体数组的指针变量

struct Book *ptr;

主要用到的流程控制语句：循环语句。

输入：5 本书的书名、作者、书号、单价。

处理：计算 5 本书的平均价格。

输出：5 本书的信息及平均价格。

第二步：算法设计。

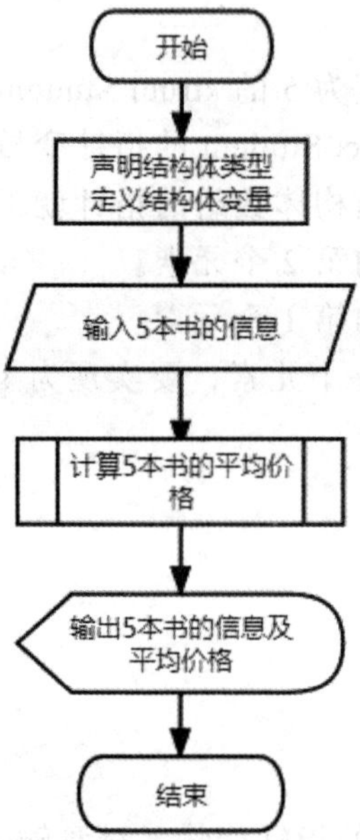

第三步：编码实现。

```
#include <stdio.h>
#include <stdlib.h>
#define N 5
/*
功能：键盘输入 5 本图书信息，计算图书的平均价格，输出 5 本书的信息和平均价格。
     其中图书信息包括：书名（title）、作者（author）、书号（isbn）、单价（unitPrice）
作者：肖老师
时间：2022-06-08
版本：2.0
*/
//声明结构体数组，保存 N 本书的信息
struct Book
{
    //书名
    char title[20];
```

```
    //作者
    char author[10];
    //书号
    char isbn[10];
    //单价
    double unitPrice;
}books[N];
void main()
{
    //定义结构体指针变量，指向 books 数组
    struct Book *ptr=books;
    int i;
    double totalPrice=0,avgPrice;
    //输入 N 本书的信息
    for(i=0;i<N;i++)
    {
        printf("\n 请输入第%d 本书的信息：\n",i+1);
        printf("书名：");
        gets(ptr->title);
        printf("作者：");
        gets(ptr->author);
        printf("ISBN 号：");
        gets(ptr->isbn);
        printf("单价：");
        scanf("%lf",&ptr->unitPrice);
        getchar();
        //计算 N 本书的总价
        totalPrice+=books[i].unitPrice;
        ptr++;
    }
    //计算平均价格
    avgPrice=totalPrice/N;
    ptr=books;
    //输出 N 本书的信息
    for(i=0;i<N;i++)
    {
        printf("\n 第%d 本书的信息：",i+1);
        printf("书名：%-20s 作者：%-10sISBN：%-10s 单价：%-10.2lf",ptr->title,(*ptr).author,books[i].isbn,books[i].unitPrice);
        ptr++;
```

```
55.  }
56.  //输出平均价格
57.  printf("\n 以上%d 本书的平均价格为%.2lf\n",N,avgPrice);
58.  system("pause");
59.}
```

第四步：程序运行。

输出结果为：

第五步：程序阅读理解。

（1）阅读代码，写出通过指针变量间接引用结构体成员的行号：

____

____

(2)第 48 行代码的含义：

____

____

五、动态分配内存

用“云课堂智慧职教”App 扫码学习“动态分配内存”的视频资源。

数组适合用在要存放的元素个数已知的情况，在元素个数未知的情况下，使用数组容易造成存储空间的浪费或者内存溢出。本项目中要求可灵活保存各类物资的信息，由此可见物资的种类是不确定的，因此不能用数组来实现。

在 C 语言中可以用 malloc()和 free()函数来动态内存分配和释放动态内存，利用结构体、指针和动态内存创建链表来解决这类问题。

1. 链表

链表：由 0 个或者多个结点组成的有序列表。链表中的结点由数据域和指针域组成，数据域存放链表中的元素，指针域存放下一个结点的地址。一个结点包含一个数据域和一个指针域的是单链表。结点的结构如图 4.6 所示。

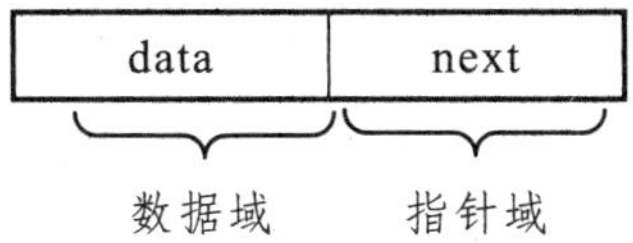

图 4.6　结点示意图

多个结点构成链表如图 4.7 所示。head 为链表头指针，指向链表第一个元素；每个结点的指针域指向下一个结点（存放下一个结点的地址）；最后一个结点的指针域为 NULL。

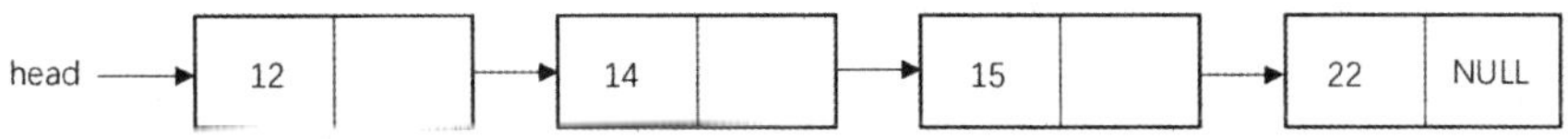

图 4.7　链表示意图

2. 链表的常见操作

（1）创建链表。

创建链表有两种方法：

①头插法创建链表。

头插法创建链表：新增的结点始终作为当前链表的第一个结点。

②尾插法创建链表。

尾插法创建链表：新增的结点作为当前链表的最后一个结点。

（2）链表中插入一个结点。

在如图 4.7 所示的链表中插入一个值为 17 的结点的步骤：

①动态分配结点大小内存空间。

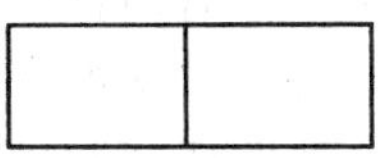

②为结点的数据域赋值。

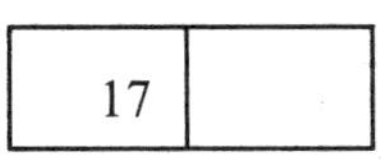

③将该结点插入到链表的指定位置，如图 4.8 所示。

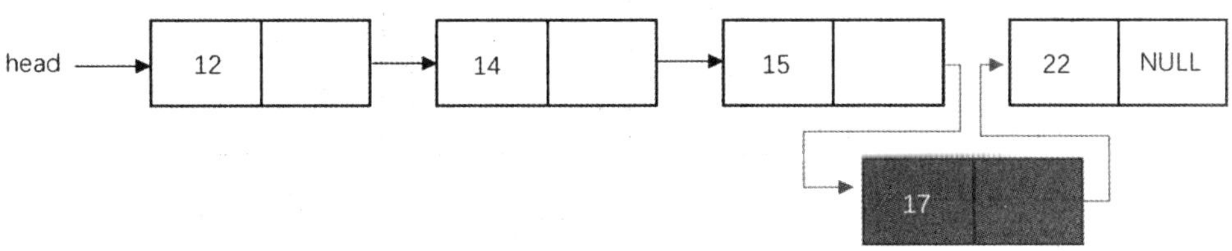

图 4.8　链表中插入一个结点的示意图

（3）链表中删除一个结点。

在如图 4.7 所示的链表中删除值为 15 的结点的步骤：

①将要删除结点的后继结点的指针域赋给要删除结点的前驱结点，也就是让值为 14 的结点的指针域保存值为 22 的结点的地址，如图 4.9 所示。

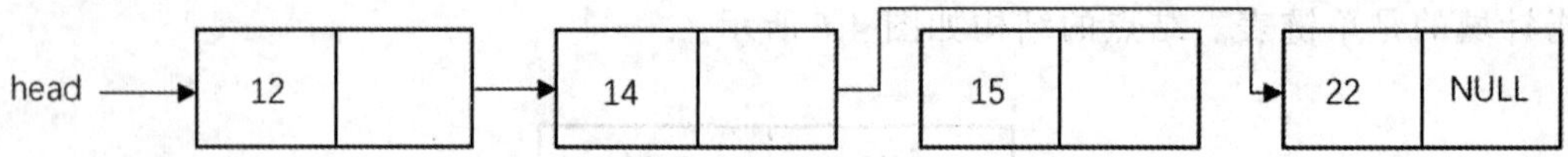

图 4.9　在链表中删除结点的示意图

②将要删除结点所占的内存空间释放，也就是将值为 15 的结点所占的内存空间释放。

从地址空间是否连续、插入和删除元素、访问元素、存储容量相比较，数组和链表的区别如表 4.8 所示。

表 4.8　数组和链表的区别

	数　组	链　表
地址空间	占用一段连续的地址空间	各元素所占的物理地址空间不一定连续
插入和删除元素	效率低，会涉及数据元素的移动	效率高，修改结点指针指向，不需要移动元素
访问元素	效率高，可随机访问数组中任意元素	效率低，只能根据链表头指针，从第一个结点开始顺序查找
容量	不易扩展，在声明数组时所能存放的元素个数就固定了	容易扩展。不需要指定大小，灵活新增和删除元素

3. 动态内存管理

在 C 语言中内存分为代码区和数据区，代码区存储可执行的代码段，在程序运行过程中，这段区域是不能被修改的。数据区又分栈区、堆区和全局/静态区。栈区是一种先进后出（后进先出）的内存结构，由编译器自动分配和释放，用于存放局部变量、函数参数和返回值等，在程序运行过程中实时分配和释放。堆区的空间远大于栈区，一般由程序员通过 malloc()、free()函数分配和释放，如果程序员没有释放，则程序结束时由操作系统回收。全局 /静态区存储全局变量、静态变量、字符串常量和常变量（const 定义的变量）。C 语言程序设计密切相关的区域主要有代码区、栈区、堆区和静态区，其中栈区和堆区都属于动态存储区，如图 4.10 所示。

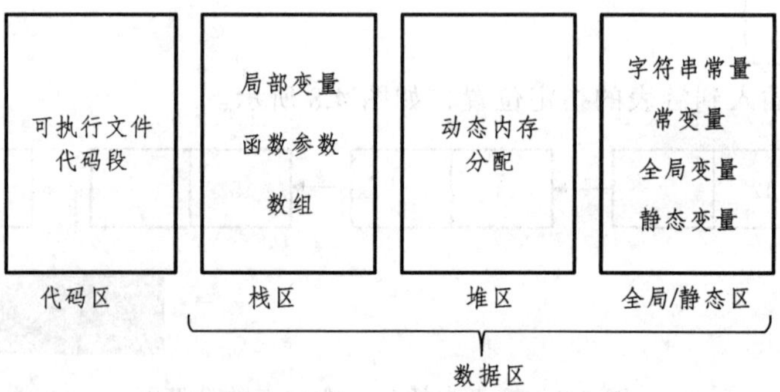

图 4.10　C 语言中内存分类

进行动态内存管理常用的函数有：malloc 函数、free 函数、calloc 函数和 realloc 函数。这几个函数都是库函数，包含在 stdlib.h 中。

（1）malloc 函数。

函数原型：

```
void * malloc(unsigned int size)
```

函数功能：在内存的动态存储区中分配一个长度为 size 的连续空间，将这段空间的起始地址以 void *类型返回。

示例代码：

```
//声明一个 struct Student 的指针变量 zs
struct Student   *zs;
//在动态内存存储区分配 struct Student 大小的内存空间，赋给指针变量 zs
zs=(struct Student   *)malloc(sizeof(struct Student));
```

说明：

①sizeof()是一个单目运算符，计算操作数所占的字节数。

②malloc()返回的是 void*，通常需要做强制类型转换后赋给类型相同的指针变量。

（2）free 函数。

函数原型：

```
void   free(void *)
```

函数功能：释放参数所指的内存空间。

示例代码：

```
//声明一个 struct Student 的指针变量 zs
struct Student   *zs;
//在动态内存存储区分配 struct Student 大小的内存空间，赋给指针变量 zs
zs=(struct Student   *)malloc(sizeof(struct Student));
// 释放指针变量 zs 所指的内存空间
```

说明：

当 malloc()、calloc()、realloc() 等函数分配的内存不再使用时，一点要调用 free()函数释放，避免程序运行越来越慢。

4. 链表

案例 17：创建一个链表，存放多名学生的信息，学生信息包括：学号、姓名、年龄。

要求：

（1）程序运行显示如下界面。

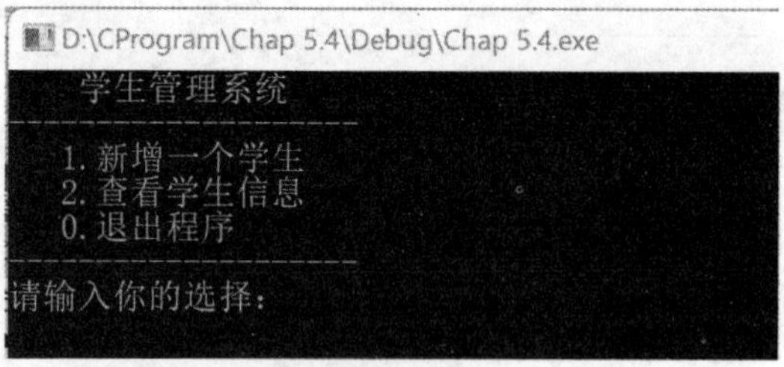

（2）当用户输入 1 时，新增一个学生信息。

（3）当用户输入 2 时，查看所有学生信息。

重复上述操作，直到用户输入 0 时，程序运行结束。

第一步：任务分析。

保存学生信息用到的数据类型：________________

链表结点用到的数据类型：________________

创建链表的方法：________________

用到的流程控制语句：________________

第二步：算法设计。

第三步：编码实现。

```c
#include <stdio.h>
#include <stdlib.h>
/*
功能：定义链表保存多名学生的信息
      采用头插法创建链表，也就是新增的结点作为链表的第一个结点
作者：周老师
时间：2022-06-09
版本：1.0
*/
//定义结构体，保存学生信息
typedef struct Student
{
    char stuNo[10];
    char stuName[50];
    int age;
}STU;
//定义链表结点类型
typedef struct Node {
    STU data;
    struct Node * next;
}NODE;
void main()
{
    NODE *head=NULL,*p,*q;
    int choice;
    while(1)
    {
        printf("   学生管理系统\n");
        printf("--------------------\n");
        printf("   1.新增一个学生\n");
        printf("   2.查看学生信息\n");
        printf("   0.退出程序\n");
        printf("--------------------\n");
        printf("请输入你的选择：");
        scanf("%d",&choice);
        if(choice==0)
            break;
        switch(choice)
```

```
    {
    case 1:
        //为结点分配空间
        p=(NODE*)malloc(sizeof(NODE));
        printf("请输入学生学号：");
        scanf("%s",p->data.stuNo);
        printf("请输入学生姓名：");
        scanf("%s",p->data.stuName);
        printf("请输入学生年龄：");
        scanf("%d",&p->data.age);
        if(head==NULL)
        {
            p->next=NULL;
            head=p;
        }
        else
        {
            //将 p 所指的结点作为第一个结点
            p->next=head;
            head=p;
        }
        break;
    case 2:
        //遍历链表中的结点
        q=head;
        int i=1;
        while(q)
        {
            printf("第%d 个学生的信息：\n",i);
            printf("学号：%s\t",q->data.stuNo);
            printf("姓名：%s\t",q->data.stuName);
            printf("年龄：%d\n",q->data.age);
            i++;
            q=q->next;
        }
        break;
    }
}
system("pause");
}
```

第四步： 运行和调试程序。

运行结果：

第五步： 程序阅读理解。

（1）阅读代码，写出指针变量 head 的作用：

____

____

（2）第 49-59 行代码的含义：

____

____

____

____

（3）写出程序中动态分配内存的语句：

____

任务实施

第一步： 任务分析。

根据项目描述，只有当用户输入 0 时才退出系统。因此，可以反复入库、出库、查询物资信息和查找物资信息。

问题 1：灵活保存各类物资的信息能否采用结构体数组，如果不能应该如何实现？

____

____

____

问题 2：物资出库和入库会有什么变化？

第二步：算法设计。

第三步：编码实现。

```
#include <stdio.h>
#include <stdlib.h>
#include <string.h>
/*
功能：防疫物资的种类很多，在编写程序时无法预知防疫物资的种类。本项目要求：可灵活保存各类物资的信息。
    实现：
        （1）显示系统界面
        （2）实现物资的入库
        （3）实现物资出库
```

```
    （4）查询所有物资信息
    （5）查找物资信息
作者：周老师
时间：2022-06-09
版本：1.0
*/
//定义防疫物资类型
typedef struct EpidemicPreventionMaterials
{
    //防疫物资名称
    char name[20];
    //品牌
    char brand[15];
    //单价
    double unitPrice;
    //数量
    int quantity;
}EPM;
//定义结点类型
struct Node
{
    EPM  epm;
    struct Node *next;
};
void main()
{
    char name[20];
    int choice,quantity;
    struct Node *p,*q;
    struct Node * head=NULL;

    while(1)
    {
        printf("    欢迎使用防疫物资管理系统！  \n");
        printf("**********************************\n");
        printf("    1.防疫物资入库\n");
        printf("    2.防疫物资出库\n");
        printf("    3.查看所有物资信息\n");
        printf("    4.查询防疫物资信息\n");
        printf("    0.退出系统\n");
```

```
    printf("***********************************\n");
    printf("请输入您要进行的操作前的数字：");
    scanf("%d",&choice);
    getchar();
    switch(choice)
    {
    case 1:
      printf("请输入入库的防疫物资名称：");
      gets(name);
      p=head;
      while(p)
      {
        //如果入库物资已存在，则增加该物资的数量
        if(strcmp(p->epm.name,name)==0)
        {
          printf("入库的数量：");
          scanf("%d",&quantity);
          p->epm.quantity+=quantity;
          printf("%s 成功入库！\n",name);
          break;
        }
        p=p->next;
      }
      //如果 head 为空，或者 p 为空说明系统中没有防疫物资信息
      if(head==NULL||p==NULL)
      {
        EPM  epm;
        strcpy(epm.name,name);
        printf("品牌：");
        gets(epm.brand);
        printf("单价:");
        scanf("%lf",&epm.unitPrice);
        printf("数量：");
        scanf("%d",&epm.quantity);
        q=(struct Node *)malloc(sizeof(struct Node));
        q->epm=epm;
        q->next=head;
        head=q;
        printf("%s 成功入库！\n",name);
      }
```

```
        break;
    case 2:
        printf("\n 请输入出库物资名称:");
        gets(name);
        p=head;
        //查找出库物资是否存在
        while(p)
        {
          //如果存在该物资，输入出库数量
          if(strcmp(p->epm.name,name)==0)
           {
             printf("\n 请输入出库数量： ");
             scanf("%d",&quantity);
             //如果出库数量小于库存量
             if(quantity<p->epm.quantity)
             {
               //库存减去领用数量
               p->epm.quantity-=quantity;
               //输出领用成功
               printf("成功领取%d 件%s！ \n",quantity,p->epm.name);
               break;
             }
             else
             {
               printf("库存不够！ 该物资库存只有%d\n",p->epm. quantity);
               break;
             }
           }
           p=p->next;
        }
        //如果链表中没有找到要领用的物资，输出相应的提示
        if(p==NULL)
        {
          printf("未找到你领取的防疫物资！ \n");
        }
        break;
    case 3:
        //遍历链表，输出所有物资的信息
        p=head;
```

```
        printf("物资信息包含：\n");
        while(p)
        {
           printf("物资名称：%-20s 品牌：%-15s 单价：%-10.2lf 数量：%-10d\n",p->epm.name,p->epm.brand,p->epm.unitPrice,p->epm.quantity);
           p=p->next;
        }
        break;
     case 4:
        //输入要查找的物资名称
        printf("\n 请输入查找物资名称:");
        gets(name);
        //查找链表中是否包含该物资
        p=head;
        while(p)
        {
         //如果当前结点的物资名和要查找的物资名相等，则输出该结点的信息
           if(strcmp(p->epm.name,name)==0)
           {
              printf("物资名称：%-20s 品牌：%-15s 单价：%-10.2lf 数量：%-10d\n",p->epm.name,p->epm.brand,p->epm.unitPrice,p->epm.quantity);
              break;
           }
           //指向下一个结点
           p=p->next;
        }
        if(p==NULL)
        {
           printf("没有找到该物资！\n");
        }
        break;
     case 0:
        printf("退出系统！\n");
        return ;
     }
  }
}
```

第四步： 运行和调试程序。

运行结果：

第五步： 程序阅读理解。

（1）第 41 行代码是否会造成死循环？

（2）程序中物资入库会涉及哪几种情况？

（3）程序中物资出库会涉及哪几种情况？

成果展示

将活页任务单、项目源代码、程序运行结果截图提交到课程平台。

📖 评价与反思

结合项目的完成情况，各方参照评价指标，客观公正完成评价。

评价表

评价项目		评分标准	分值	评价			总评得分
				自评	互评	师评	
过程性评价	线上资源学习	完成线上资源学习、参与课程讨论	10				
	团队协作	各小组分工合理，能协作开展工作	10				
	解决问题能力	能主动查验资料解决问题	5				
	劳动素养	积极主动完成任务	10				
	职业素养	规范编码	5				
结果性评价	是否按计划完成任务	在规定时间内完成任务	15				
	任务完成情况	完成活页任务单中的任务	30				
	展示汇报	清楚、有条理地表达	15				

反思：

任务反思	通过本任务的实现，结合任务完成过程中自己遇到的问题和学习成果评价结果，对任务的完成过程、完成结果进行反思和分析，并提出有效的解决措施
	问题 1：
	产生原因：
	解决办法：
	问题 2：
	产生原因：
	解决办法：
	问题 3：
	产生原因：
	解决办法：

拓展练习

用尾插法创建链表修改完善项目 3。

第一步：任务分析。

尾插法创建链表的方法：

第二步： 算法设计。

第三步： 编码实现。

第四步：运行和调试程序。

运行结果：

课后作业

1. 有一字符串，包含 n 个字符。编写一函数，将此字符串中从 m 个字符开始的全部字符复制成为另一个字符串。

2. 将 n 个数按输入时顺序逆序排列，用函数实现。

3. 有一个班 4 个学生，5 门课程。要求：

（1）求一门课程的平均分；

(2)找出有2门以上课程不及格的学生，输出他们的学号和全部课程成绩及平均成绩；

(3)找出平均成绩在90分以上或全部课程成绩在85分以上的学生。

分别编写3个函数实现上述要求。

4. 编一程序，输入月份号，输出该月的英文月份名。例如，输入“3”，则输出“March”，要求用指针数组处理。

模块五　用函数实现模块化程序设计

学习目标

完成本学习任务后，应当能够：

- 能够使用系统函数提高编码效率；
- 能够自定义函数提高代码重用性；
- 能够在主调函数中，对被调函数进行声明；
- 能够根据全局变量与局部变量的特性分析各自的适用情况；
- 能够运用递归算法。

学习内容

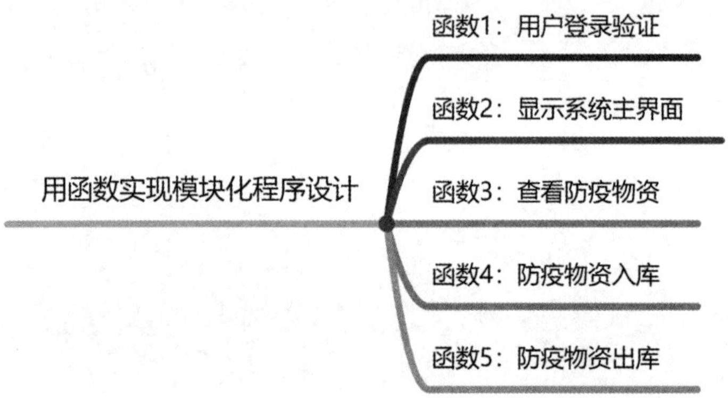

任务描述

防疫物资管理系统，要实现对口罩、体温枪、免洗消毒液等防疫物资的管理，具体包含用户登录验证、防疫物资的入库、出库（领用防疫物资）、显示防疫物资等功能。

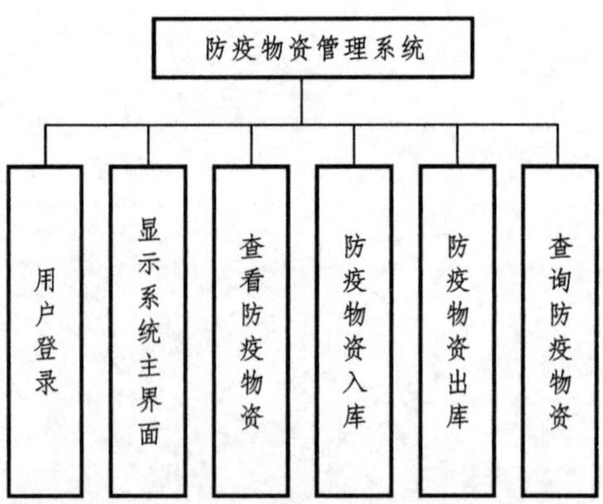

（1）用户登录验证：提示用户输入用户名和密码，如果用户名为“admin”，密码为“123456”返回 1，否则返回 0。

（2）显示系统主界面：

欢迎使用防疫物资管理系统！

****

1. 防疫物资入库

2. 防疫物资出库

3. 查看所有物资信息

4. 查询防疫物资信息

0. 退出系统

****

请输入您要进行的操作前的数字：

（3）查看防疫物资：显示所有的防疫物资的名称和数量等信息。

（4）防疫物资入库：输入要入库的物资名称和数量，如果该物资在系统不存在，则需要输入物资所有信息（物资名称、品牌、单价、数量），如果物资存在，则增加该物资的库存数量。

（5）领用防疫物资：输入要领用的物资的名称，如果存在该物资，输入要领用的数量，如果领用数量小于库存，领用成功，并修改库存，如果领用数量大于库存，提示："库存不够！该物资库存只有 X 件"。如果物资不存在，提示："未找到你领取的防疫物资！"。

（6）查询防疫物资：输入物资名称，查找是否有该物资，如果有，输出该物资的信息，否则，提示："没有找到该物资！"。

技术准备

一、模块化编程思想

用"云课堂智慧职教"App 扫码学习"模块化编程思想"的视频资源。

C 语言源程序是由一个或者多个函数组成的，但有且只有一个 main 函数，称为主函数，由 main 函数调用其他函数来完成程序的特定功能，其他函数之间也可以相互调用。函数就是能实现相对独立功能的一段封装好的、可反复使用的代码。函数作用主要包含两个：一是"代码重用"，二是"问题分解"。代码重用是指，函数定义好后可以被一个或者多个函数调用多次，从而减少重复的代码。问题分解是指一个程序（软件）可以按照"自顶向下，逐层分解"模块化编程思想，由大到小分解成若干结构清晰、功能独立的模块（函数），从而实现多人协同开发，提高开发效率。

（1）从函数定义的角度，函数分为库函数和用户自定义函数。

①库函数：由 C 系统提供，程序中要使用库函数，在程序前通过#include 将定义函数的头文件导入即可。C 语言提供了丰富的库函数，比如常用的数学函数、字符串处理函数、输入输出函数等。前面学习的 main、printf 函数等函数都是系统定义的库函数。

②用户自定义函数：用户根据具体需求编写的函数，需要先定义，再调用。

（2）从函数调用时是否传参数，分为有参函数和无参函数。

①无参函数：函数定义、调用和声明时都不用指定参数的函数。

②有参函数：函数定义、调用和声明时都需要指定参数的函数。

（3）从函数执行完是否返回值，分为有返回值函数和无返回值函数。

①有返回值的函数：函数定义时指定返回值的类型，函数体语句执行完后通过 return 语句将指定类型的值返回给主调函数。

②无返回值的函数：函数定义时返回值的类型指定为 void，函数体执行完后不能返回值。函数调用作为一条独立的语句，不能作为表达式的一部分。

（4）从函数能否被其他源文件调用，将函数分为内部函数和外部函数。

①内部函数是只能被本文件的其他函数调用，不能被其他源文件的函数调用，内部函数定义时需要加 static。

比如：在 source1.cpp 文件中定义的函数 max 为 static，该函数只能被 source1.cpp 文件中的其他函数调用，但不能被别的源程序中的函数调用。

```
static int max(int num1,int num2)
{
return num1>num2?num1:num2;
}
```

②函数定义时，若没有加 static，则该函数除了可以被定义它的源文件中的其他函数调用，还能被同一个项目中的其他源文件中的函数调用，只需在调用前声明该函数即可。

二、常见系统函数

1. 字符串函数

在 string.h 头文件中提供了常用字符串函数，如表 5.1 所示。

表 5.1　字符串处理相关函数

常用函数	函数功能
strcpy(char *dest,char *source)	字符串复制：将 source 所指字符串复制到 dest 所指的位置
strcat(char *dest,char *source)	字符串连接：将 source 所指字符串连接到 dest 所指字符串的末尾
strcmp(char *str1,char *str2)	比较两个字符串的大小，逐个比较 str1 和 str2 对应字符的 ASCII 码。如果 str1 中的对应字符>str2 中的对应字符，则返回 1；如果 str1 中的对应字符<str2 中的对应字符，则返回-1；如果两个字符串中所有字符都相等，返回 0
strlen(char *str)	统计字符串中实际字符的个数，不包含字符串的结束标志'\0'

2. 字符函数

在 ctype.h 头文件中包含了常用的字符处理函数，如表 5.2 所示。

表 5.2　字符处理相关函数

常用函数	函数功能
int isalnum(int c)	判断参数 c 是大小写字母或数字的 ASCII 码。如果是字母、数字，则返回真（大写字母返回 1，小写字母返回 2，数字返回 4），否则返回假（0）
int isalpha(int c)	判断 c 是否是字母或者字母的 ASCII 码。是字母，则返回真（大写字母返回 1，小写字母返回 2），非字母返回假（0）
int isdigit(int c)	如果 c 为数字字符或者数字字符的 ASCII 码，则返回真（4），否则返回假（0）
int　islower(int c)	如果 c 为小写字母或者小写字母的 ASCII 码，则返回真（2），否则返回假（0）
int isupper(int c)	如果 c 为大写字母或者大写字母的 ASCII 码，则返回真（1），否则返回假（0）
int tolower(int c)	如果 c 为大写字母或者大写字母的 ASCII 码，则转换成小写字母的 ASCII 码，如果为其他字符，则不变
int toupper(int c)	如果 c 为小写字母或者小写字母的 ASCII 码，则转换成大写字母的 ASCII 码，如果为其他字符，则不变

练一练：任意输入一个字符串，统计其中大写字母、小写字母、数字和其他字符的个数，并输出个数，完成这一任务，需要用到哪些库函数？

判断是否是大写字母的函数：________________

判断是否为小写字母的函数：________________

判断是否为数字的函数：________________

判断是否为其他字符的函数：________________

3. 常见数学函数

在 math.h 头文件中包含了常用的数学函数，如表 5.3 所示。

表 5.3　常用数学函数

常用函数	函数功能
int abs(int i)	计算并返回 i 的绝对值
double pow(double x,double y)	计算并返回 x 的 y 次幂
float sqrt(float f)	计算并返回 f 的平方根
double sin(double x)	返回弧度角 x 的正弦值
double cos(double x)	返回弧度角 x 的余弦值
double floor(double x)	返回小于或等于 x 的最大的整数值（向下取整）
double ceil(double x)	返回大于或等于 x 的最小的整数值（向上取整）

4. 其他函数

初学者常使用的函数，如表 5.4 所示。

表 5.4　其他常用函数

头文件	常用函数	函数功能
time.h	time_t time(time_t *Time)	返回从标准计时点（1970 年 1 月 1 日午夜）到当前时间的秒数，用 Time 指针指向该时间。time(NULL)则是返回系统当前时间
stdlib.h	system(char *str)	发出一个 DOS 命令。 system("pause")：调用 Windows 控制台应用程序下的暂停命令 system("cls")：清除屏幕。
	int rand()	生成随机数。比如：rand()%100：生成 100 以内的随机整数
	void srand(unsigned int seed)	为 rand()函数赋随机数种子，避免生成伪随机数

Tips　使用函数可以减轻编码负担，要学会查阅C常用函数库说明文档。

切记：使用某个函数，必须在文件首部包含函数所在的文件哦！

案例 1：猜数游戏。随机生成一个 1 ~ 100 的数（包含 1 和 100），并完成猜大小。若猜的数字较小，提示“大小啦！再猜一次！”，若猜的数字较大，提示“大小啦！再猜一次！”，直到猜对提示"恭喜你，猜对了！你共猜了 X 次！"。

提示：rand()%100 +1。

第一步：任务分析。

完成任务会用到的数据类型：

（1）保存随机数的变量：int randomNum;

（2）保存用户猜的数：　int inputNum;

（3）统计猜的次数：　　int count;

完成任务会用到的库函数：rand()、srand()、time()。

完成任务用到的流程控制语句：

（1）条件语句。

（2）循环语句。

第二步： 算法设计。

第三步： 编码实现。

```
#include <stdio.h>
#include <stdlib.h>
#include <time.h>
/*
功能：实现猜数游戏。随机生成一个 1 ~ 100 的数(包含 1 和 100)，并完成猜大小，
    若猜的数字较小，提示“大小啦！再猜一次！”，若猜的数字较大，提示“大小啦！再猜一次！”，
    直到猜对提示"恭喜你，猜对了！你共猜了%d 次！"。
作者：周老师
时间：2022-06-10
版本：1.0
*/
void main()
{
    //保存随机数的变量：
    int randomNum;
    //保存用户猜的数：
    int inputNum;
    //统计猜的次数：
    int count=0;
    //为 rand()函数赋随机数种子
    srand((unsigned)time(NULL));
```

```c
    //生成 1-100 之间的数（包含 100）
    randomNum=rand()%100+1;
    printf("猜数游戏开始！ \n");
    printf("请猜一猜系统生成的 1-100 之间的随机数是多少：\n");
    scanf("%d",&inputNum);
    count++;
    while(randomNum!=inputNum)
    {
        if(inputNum<randomNum)
        {
            printf("大小啦！ 再猜一次！ \n");
        }
        else
        {
            printf("大大啦！ 再猜一次！ \n");
        }
        scanf("%d",&inputNum);
        count++;
    }
    printf("恭喜你，猜对了！ 你共猜了%d 次！ \n",count);
    system("pause");
}
```

第四步：运行和调试程序。

运行结果：

第五步： 程序阅读理解。

（1）第 23 行代码的含义？

____

____

（2）如果要最少次数猜到随机生成的数，应该如何输入？

____

____

____

（3）分析这个运行截图，解析每次猜数的规律。

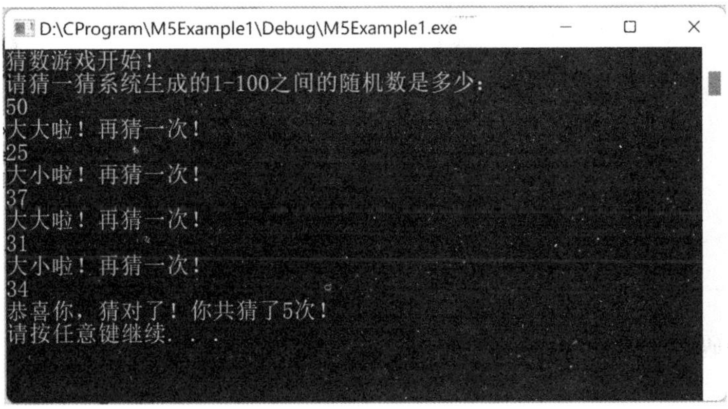

____

____

____

案例 2： 大小写字母转换。用系统函数实现将字符串中的大写字母转换成小写字母，小写字母转换成大写字母，其他字符不变。

第一步： 任务分析。

完成任务会用到的数据类型：

保存字符串：字符数组、字符指针。

完成任务会用到的库函数：

（1）输入字符串的函数：gets()。

（2）判断是否是小写字母的函数：islower()。

（3）判断是否是大写字母的函数：isupper()。

（4）小写字母转换为大写字母的函数：toupper()。

（5）大写字母转换成小写字母的函数：tolower()。

（6）统计字符串长度的函数：strlen()。

完成任务用到的流程控制语句：

（1）条件语句。

（2）循环语句。

第二步：算法设计。

第三步：编码实现。

```
#include <stdio.h>
#include <stdlib.h>
#include <ctype.h>
#include <string.h>
#define N 100
/*
功能：大小写字母转换。用系统函数实现将字符串中的大写字母转换成小写字母，小写字母转换成大写字母，其他字符不变。
作者：肖老师
时间：2022-06-11
版本：1.0
*/
void main()
{
    //定义字符数组和字符指针
    char str[N],*cptr=str;
    int i;
    printf("键盘输入一字符串，长度不超过%d！\n",N);
    gets(str);
    for(i=0;i<strlen(str);i++)
```

```
20.  {
21.     //如果是小写字母，转换成大写字母
22.     if(islower(*(cptr+i)))
23.     {
24.        *(cptr+i)=toupper(str[i]);
25.     }
26.     //否则，如果是大写字母，转换成小写字母
27.     else if(isupper(str[i]))
28.     {
29.        str[i]=tolower(*(cptr+i));
30.     }
31.  }
32.  printf("转换后的字符串：\n%s",cptr);
33.  system("pause");
34.}
```

第四步： 运行和调试程序。

运行结果：

第五步： 程序阅读理解。

（1）第 24 行代码的含义：

____

____

（3）除了用系统函数实现大小写转换，还可以用什么方式？说说这两种方式的比较：

____

____

三、用户自定义函数

用“云课堂智慧职教”App 扫码学习“用户自定义函数”的视频资源。

C 语言丰富的库函数，提供了程序开发中通用的功能，在程序中有效地使用库函数，可以让程序员站在巨人的肩上，以提高程序员的开发效率。但是，库函数不能解决所有问题，比如实际应用中，需要重复用到某些功能时，为了避免出现太多冗余代码、便于程序的修改，用户需要自己定义函数。结构化程序设计的思想是“自顶向下，逐步求精”，也就是将一个复杂的任务按照功能进行拆分，并逐层细化到便于理解和描述的程度。一个 C 程序可以由 1 个或者多个 C 语言源文件组成，每个源文件中可以包含 1 个或者多个函数，这里的函数就是功能相对独立、可重复调用的模块，如图 5.1 所示。

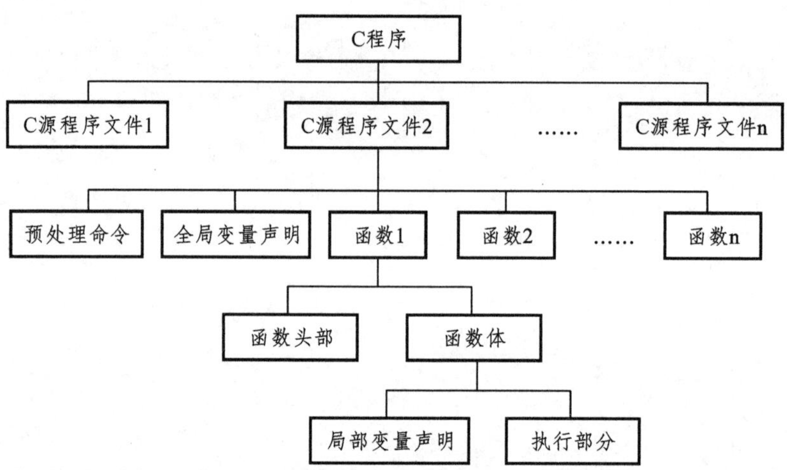

图 5.1　C 程序的结构

1. 函数定义

```
返回类型　　函数名([形参列表])
{
    //变量声明
    //执行语句
}
```

（1）返回类型：一个函数可以返回一个值，也可以不用返回值。返回类型是函数执行完后要返回的值的数据类型。如果函数执行完不返回值，返回类型指定为 void。

（2）函数名称：这是函数的实际名称，函数名和参数列表一起构成了函数特征，函数名要符合标识符的命名规则。

（3）参数：参数就像是占位符。参数列表包括函数参数的类型、顺序、数量。参数列表是可选的，定义时未指定参数列表的函数是无参函数，函数调用、声明时都不用指定参数。包含参数列表的函数是有参函数，函数定义时的参数为形式参数(简称形参)，函数调用时的参数为实际参数(简称实参)。

（4）函数体：函数体由一对花括号括起来，包含一组定义函数执行任务的语句。函数体中包含两部分：变量声明和语句执行。

使用说明：

（1）每个形参都要指定类型，即使多个形参的类型相同也不能省。

比如：

```
void swap(int x,int y)
{
}
```

不能简写为：

```
void swap(int x,y)
{
}
```

（2）当函数的返回值类型定义为 void 时，函数体中的 return 语句后不能带任何值。

（3）当函数体中的 return 语句后的表达式值的类型和函数返回值的类型不一致时，将 return 后表达式值的类型转换成返回值的类型。

2. 函数调用

语法：

```
函数名（[实参列表]）
```

说明：

（1）实参：函数调用时使用的参数，实参可以是变量、常量或者表达式。形参：函数定义时使用的参数，形参不能是常量或者表达式。

（2）如果函数返回类型为 void，函数调用语句不能作为表达式的一部分。

比如：

```
printf("Hello"); //这个函数调用作为一条语句
s=max(12,34);        //函数调用作为赋值表达式的一部分
```

（3）实参和形参的个数要相同，实参和形参的类型要一致。

（4）函数可以嵌套调用，但是不能嵌套定义。

```
printf("%d",max(12,34)); //合法，函数嵌套调用
s=max(max(23,45),17);        //合法，函数嵌套调用
```

3. 函数调用的参数传递

当出现函数调用时，程序会中断，将实参的值传给形参，程序会去执行这个函数。如 factorial 函数执行流程如图 5.2 所示。

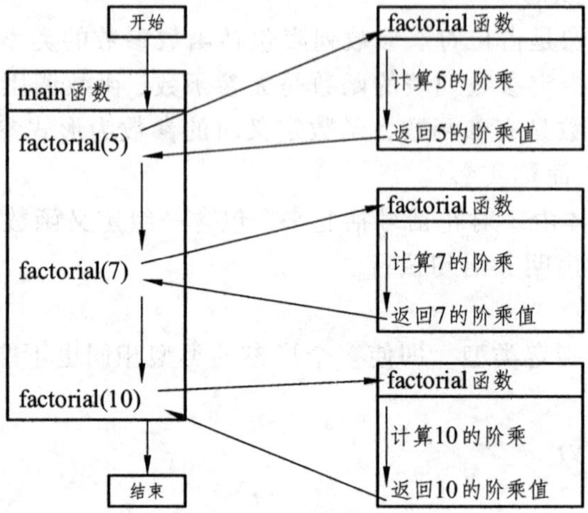

图 5.2　程序流程

由图 5.2 可知：

（1）上面代码中有两个函数：main 函数和 factorial 函数。

（2）main 函数是程序唯一的入口和出口。

（3）在 main 函数中发生了三次对 factorial 函数的调用。

（4）factorial 函数只有当调用时才执行，执行返回到它的调用层 main 函数。

（5）在 main 函数中每次调用 factorial 函数所给的参数不同，分别为 5、7、10。

函数每次调用的参数如图 5.3 所示。

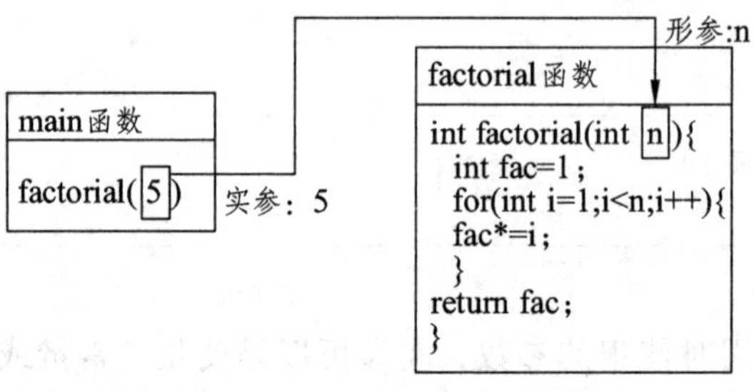

图 5.3　函数每次调用的参数

①实参：在 main 函数中，每次调用 factorial 函数所使用的具体的值：5、7、10，这就是实际参数。

②形参：在 factorial 函数头部，参数 n 没有具体的值，需要根据调用时实参传递的值，才能确定自身的值，这就是形式参数。

③形参与实参可以有多个，但参数个数和参数类型必须一一对应。

4. 分析 return 语句

return 语句如图 5.4 所示。

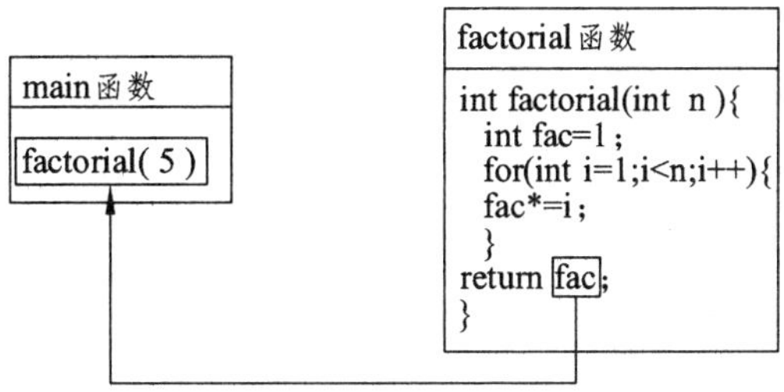

图 5.4 return 语句

（1）函数调用之后，返回的结果，就是函数的返回值，使用 return 语句返回调用层。

（2）函数可以不返回一个值，即可以没有 return 语句，但函数定义时，函数类型不能不写，此时函数类型为 void，表示无返回值。

（3）一个函数的返回值最多只能有一个，也可以没有返回值。

案例 3：编写程序分别计算 5!、13! 和 20!。

第一步：任务分析。

（1）计算 5!、13! 和 20! 的语句：

计算 5!的语句：

```
int fact=1;
for(int i=1;i<=5;i++){
    fac*=i;
}
```

计算 13!的语句：

```
int fact=1;
for(int i=1;i<=13;i++){
    fac*=i;
}
```

计算 20!的语句：

```
long fact=1;
for(int i=1;i<=20;i++){
    fac*=i;
}
```

如果采用这种方式，程序中将会出现三段类似的代码，可以编写一个计算阶乘的函数，当程序需要计算阶乘时，调用该函数，并告诉函数要计算的是哪个数的阶乘。

（2）分析计算阶乘的函数。

函数的返回类型：long long int。

思考：long 类型占多少个字节，表示的数的范围是多少？

____

函数名：factorial。

参数列表：int n。

函数体：计算 n!。

第二步：算法设计。

第三步：编码实现。

```
#include <stdio.h>
#include <stdlib.h>
/*
功能：计算 n!,其中 n 为形参，返回类型为 long long int
作者：肖老师
时间：2022-06-13
*/
long long  int factorial(int n)
{
    //声明一个 long long int 的变量保存阶乘
    long long int fact=1;
    for(int i=1;i<=n;i++){
        fact*=i;
    }
    //返回 n!
    return fact;
}
void main()
{
    //factorial(5)函数调用作为 printf()函数的参数
    printf("5!=%ld\n",factorial(5));
    printf("13!=%ld\n",factorial(13));
    printf("20!=%lld\n",factorial(20));
    system("pause");
}
```

第四步： 运行和调试程序。

运行结果：

将第 23 行代码中 factorial(20)，改为 factorial(21)，记录程序运行结果：

第五步： 程序阅读理解。

（1）第 11 行，long long int 类型所占的字节数：____________________

声明 fact 变量类型为 long long int 的原因：

____

____

____

（2）输出 long long int 类型的数据用到的格式控制符：____________________

练一练：阅读下列代码，能否实现交换 a, b 的值。

阅读下列程序，分析程序运行结果。

```
#include <stdio.h>
#include <stdlib.h>
/*
swap 函数的功能：交换 x,y 的值
*/
void swap(int x,int y)
{
    int temp;
    temp=x;
    x=y;
    y=temp;
}
void main()
{
    int num1=12,num2=21;
    printf("num1=%d,num2=%d\n",num1,num2);
    //函数调用
    swap(num1,num2);
    printf("num1=%d,num2=%d\n",num1,num2);
    system("pause");
}
```

输出结果：

分析原因：

案例 4：定义函数 swap，实现交换 num1 和 num2 的值。

> **分析**：该案例需要通过指针变量用作函数参数来实现。

第一步：任务分析。

任务中明确了函数名为 swap，函数功能要实现交换两个参数，由于一个函数只能返回一个值，因此交换后的两个数不能通过返回值返回。可以将参数设置为指针变量，这样形参和实参指向同一个内存空间，在函数体内可通过指针变量的形参间接访问实参，实现

两个数的交换，由此得出，函数的相关信息：

函数名：swap。

函数的返回类型：void。

函数参数：int *n1,int *n2。

函数功能：交换两个数。

第二步：算法设计。

第三步：编码实现。

```
#include <stdio.h>
#include <stdlib.h>
/*
功能：编写函数，实现交换两个数
作者：周老师
时间：2022-06-14
版本：1.0
*/
void swap(int  *n1,int  *n2)
{
   int temp;
   temp=*n1;
   *n1=*n2;
   *n2=temp;
}
void main()
{
    int num1,num2;
```

```
19.	int *pa=&num1,*pb=&num2;
20.	printf("\n 请输入两个分数：");
21.	scanf("%d%d",pa,pb);
22.	//函数调用，传地址
23.	swap(pa,pb);
24.	printf("%d,%d\n",num1,num2);
25.	system("pause");
26.}
```

第四步：运行和调试程序。

运行结果：

第五步：程序阅读理解。

（1）写出程序第 23 行等价的语句：

____

（2）写出第 24 行等价的语句：

____

____

____

Tips 当参数传递的是地址（传引用）时，形参和实参指向的是同一段地址空间。

四、函数声明

按以下要求测试案例 4 的代码，记录运行结果。

序号	测试内容	能否运行
1	main 函数在前，swap 函数在后	不能
2	swap 函数在前，main 函数在后	能
3	将 swap 函数定义放在 main 函数内	不能
4	将 main 函数定义放在 swap 函数内	不能

下面分析测试结果。

第一种测试情况：main 函数在前，swap 函数在后，程序运行将会报错：

```
1>d:\cprogram\m5example4\m5example4\example4.cpp(16): error C3861: “swap”: 找不到标识符
========== 生成: 成功 0 个，失败 1 个，最新 0 个，跳过 0 个 ==========
```

出错原因：编译器从上到下检查源程序有没有语法错误，由于 swap 函数的调用出现在定义之前，当遇到 swap()函数调用语句时，编译器无法识别该函数，因此提示找不到该标识符的提示。

第三、四种测试情况，都会提示：“本地函数定义非法”。

出错原因：在 C 语言中，函数不能嵌套定义，也就是说，不能把一个函数的定义放到另一个函数体内。

函数声明语法：

```
返回类型    函数名([参数列表]);
```

说明：

（1）函数声明：函数头部加分号结束。

（2）在函数调用之前完成声明即可。

（3）函数声明时，形参名字可以省略。

Tips 函数声明的目的是，在程序编译阶段，告诉编译系统这里调用的函数是哪一个，并且根据调用的情况与被调函数的返回值类型、参数个数、参数类型等做检查匹配。

练一练：阅读下列程序，分析下列程序会报的出错信息：

____

____

```
#include<stdio.h>
#include <stdlib.h>
void main(){
     printf("5!=%d\n",factorial(5));
     printf("7!=%d\n",factorial(7));
     printf("10!=%d\n",factorial(10));
system("pause");
}
int factorial(int n){
     int fac=1;
     for(int i=1;i<n;i++){
   fac*=i;
     }
     return fac;
}
```

解决方案：

练一练：读程序，分析各函数的功能，并写出程序运行结果。

```
#include <stdio.h>
#include <stdlib.h>
void swap(int a[],int n)
{
   int i,temp;
   for(i=0;i<n/2;i++)
   {
      temp=a[i];
      a[i]=a[n-1-i];
      a[n-1-i]=temp;
   }
```

```
}
void output(int a[],int n)
{
    int i;
    for(i=0;i<n;i++)
    {
        printf("%5d",a[i]);
    }
    printf("\n");
}
void main()
{
    int b[]={1,2,3,4,5};
    printf("数组中的元素：\n");
    output(b,5);
    //函数调用
    swap(b,5);
    printf("数组中的元素：\n");
    output(b,5);
    system("pause");
}
```

swap 函数的功能：____

____

output 函数的功能：____

____

____

程序运行结果：

案例 5：编写一个函数，传入一串字符，并统计字母、数字、空格或者其他字符的个数。

第一步：任务分析。

函数的特征见表 5.5。

表 5.5　函数的特征

返回类型	void	不用返回值
函数名	count	
形参列表	char str[]	传入的字符串
函数的功能	统计字母、数字、空格或者其他字符的个数	

程序中用到的流程控制语句：

（1）循环语句：依次读取字符串(str 数组)中的字符，循环的四个要素：

①循环的初识条件：int i=0。

②循环条件：str[i]!=0 或者 str[i]!= '\0'或者 str[i]。

③循环体：判断 str[i]是字母还是数字还是空格或者其他字符，并计数。

④使循环趋于结束的语句：i++。

（2）条件语句。

判断 str[i]是字母还是数字还是空格或者其他字符，并计数。

第二步：算法设计。

第三步：编码实现。

```
#include <stdio.h>
#include <stdlib.h>
#define N 100
/*
功能：输入一个字符串，统计字母、数字、空格和其他字符的个数。
```

```
作者：周老师
时间：2022-06-15
版本：1.0
*/
int main()
{
    char str[N];
    //函数声明
    void count(char str[]);
    printf("请输入一个字符串：");
    gets(str);
    count(str);
    system("pause");
    return 0;
}
/*
功能：count 函数统计数组 str 中存放的字符串中字母、数字、空格和其他字符的个数。
*/
void count(char str[])
{
    int i=0,letter,digit,space,others;
    letter=digit=space=others=0;
    while(str[i])
    {
        if(str[i]>='A' && str[i]<='Z' || str[i]>='a'&& str[i]<='z')
        {
            letter++;
        }
        else if(str[i]>='0' && str[i]<='9')
        {
            digit++;
        }
        else if(str[i]==' ')
        {
            space++;
        }
        else
        {
            others++;
        }
```

```
        i++;
    }
    //输出统计结果
    printf("%s 中字母的个数：%d\n",str,letter);
    printf("%s 中数字的个数：%d\n",str,digit);
    printf("%s 中空格的个数：%d\n",str,space);
    printf("%s 中其他字符的个数：%d\n",str,others);
}
```

第四步：运行和调试程序。

运行结果：

第五步：程序阅读理解。

除了程序中给出统计字母和数字的解决方案，还可以用字符函数实现。请重写 count 函数，用字符函数完成字母、数字判断。

练一练：编程实现：键盘输入 10 个学生的成绩，输出低于平均分的成绩。

第一步：任务分析。

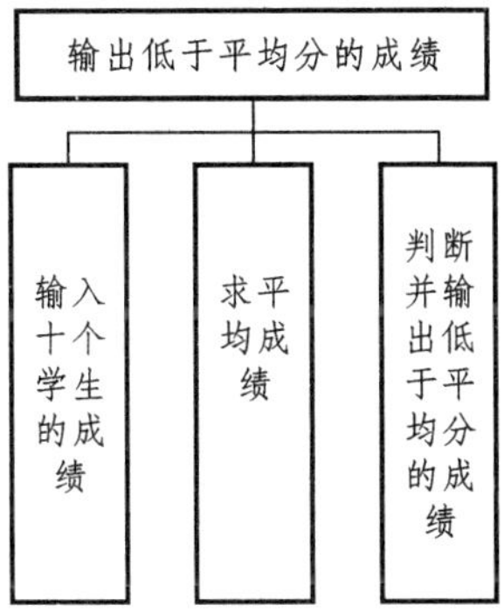

把程序功能分成 3 个子模块：第一个子模块实现输入 10 个学生的成绩；第二个子模块实现求平均成绩；第三个子模块实现输出低于平均成绩的成绩。每个模块都可以用一个函数来实现。

第一个子模块：实现输入 10 个学生的成绩。

返回值的类型	float
函数名	input
是否有形参	如果有，形参列表：
函数体	

第二个子模块：实现求平均成绩。

返回值的类型	
函数名	
是否有形参	
函数体	

第三个子模块：实现输出低于平均成绩的成绩。

返回值的类型	
函数名	
是否有形参	
函数体	

第二步：算法设计。

第三步：编码实现。

（1）input 函数实现输入十个学生成绩，请将第 7、9 行的代码补充完整。

```
1. /*
2. input 函数：实现输入 n 个学生的成绩
3. */
4. void input(int score[],int n)
5. {
6.     int i;
7.     for(______________________)
8.     {
9.         printf("请输入第%d 个成绩：",____________);
10.        scanf("%d",&score[i]);
11.    }
12.}
```

（2）calculateAverage 函数实现计算数组 score 中的平均成绩，请将下列代码补充完整。

```
/*
功能：计算平均成绩
*/
int calulateAverage(________________,int n)
{
    int sum=____________,i;
```

```
    for(i=0;i<_________;i++)
    {
        sum=sum+score[_____________];
    }
    return ______________;
}
```

（3）output 函数实现输出低于平均分的成绩，请将下列代码补充完整。

```
/*
功能：输出低于平均成绩的成绩
*/
void output(________________,______________)
{
    int i;
    int avg;//保存平均成绩
    avg=____________________________; //函数的调用
    printf("平均分为：%d 高于平均分的有：",avg);
    for(i=0;i<n;i++)
    {
        if(_________________)
        {
            printf("%d\t",score[i]);
        }
    }
}
```

（4）主函数。

```
int main()
{
    int s[10];
    /*
    函数调用时，实参是数组名（数组的首地址）时，函数调用传的是地址；
    形参和实参指向的是同一段内存空间，因此对形参的修改实际上就是对实参的修改。
    */
    input(s,10);//函数调用
    output(s,10);
    system("pause");
    return 0;
}
```

第四步：运行和调试程序。

运行结果：

第五步：程序阅读理解。

（1）如果将 main 函数放到程序开头，程序要如何修改？

____

____

____

（2）请写出函数调用时参数传递为传地址的语句对应的行号

____

五、变量的作用域和存储类别

深入学习 C 语言的变量，需要掌握变量的生命周期和作用域。变量的作用域是指可以访问该变量的代码范围。变量的生命周期是从为该变量分配空间开始，到释放该变量所占的内存空间为止。变量定义的位置决定了变量的作用域，变量的存储类别决定了变量的生命周期。

1. 变量的作用域

变量按照其在程序中的作用范围分为全局变量和局部变量。全局变量又称为外部变量或者全程变量，是指定义在函数之外的变量，也就是不在任何“{}”之内，可以被同一个源程序中的其他函数共用，存放在静态存储区中，作用域是从定义全局变量开始到源程序结束。

局部变量是在一个函数体内定义的变量，它只在定义它的函数内部有效，其他函数不能使用这些局部变量，存放在栈区中，函数的形参也是局部变量。

2. 变量的存储类别

（1）auto 变量。

auto 用来表示局部变量的存储类别，auto 是局部变量默认的存储类别，可以省略。auto 变量存放在栈区。函数体内或者复合语句中定义的局部变量，在函数调用或者语句执行时分配内存空间，函数结束或者语句块结束自动释放内存，以提高内存利用率。

（2）static 变量。

static 变量存放在全局/静态区。static 变量的生命周期从定义开始到程序运行结束。在函数体或者复合语句中声明的 static 变量为静态局部变量，在函数体外声明的 static 变量称为静态全局变量。静态局部变量的作用域为定义它的函数或者复合语句内，静态局部变量只在第一次调用时完成初始化，如果没有赋初值，默认赋值为 0，函数执行完后，static 变量不会释放，下次调用时，读取到的是上一次调用后的值。静态全局变量的作用域为定义它的源文件内，在其他源文件中不能访问。

案例 6： static 局部变量的使用。

第一步： 分析下列程序，识别每个变量的存储类别。

```
1. #include <stdio.h>
2. #include <stdlib.h>
3. //函数声明
4. int add(int);
5. /*
6. 功能：用 static 局部变量完成加法计算；
7. 作者：史老师
8. 时间：2022-06-15
9. 版本：1.0
10.*/
11
12.void main()
13.{
14.    printf("%d\n",add(1));
15.    printf("%d\n",add(3));
16.    printf("%d\n",add(5));
17.    printf("%d\n",add(7));
18.    system("pause");
19.}
20.int add(int x)
21.{
22.    //声明静态局部变量
23.    static int sum;
24.    sum+=x;
25.    return sum;
26.}
```

第 20 行，变量 x 的存储类别：________________________________

第 23 行，变量 sum 的存储类别：________________________________

第二步： 分析程序的运行结果：

____

____

____

（3）全局变量。

全局变量是在函数体外定义的变量，其作用是在文件的各个模块之间传递数据，存放在静态区。要在当前文件中引用其他文件中定义的全局变量，需要用 extern 声明其他文件中定义的全局变量，全局变量生命周期从定义开始到程序运行结束为止。

（4）register 变量。

register 变量是存放在 CPU 的通用寄存器中，运行速度快，生命周期和作用域与 auto 变量相同。register 变量不能定义为全局变量，不能通过内存寻址访问，也就是说不能在 register 变量前加&。

不同类型的变量的存储位置、作用域、生命周期如表 5.6 所示。

表 5.6　变量的存储类别和作用域

存储类型 属性	auto 变量	static 全局变量	static 局部变量	全局变量	寄存器变量
存储位置	栈区	静态存储区	静态存储区	静态存储区	CPU 通用寄存器
作用域	函数或复合语句内	文件内	函数或复合语句内	同一个项目内	函数或复合语句内
生命周期	作用域内	定义开始到程序结束	定义开始到程序结束	定义开始到程序结束	作用域内

案例 7：测试 register 变量和 auto 变量的执行速度。

第一步：任务分析。

测试 register 变量和 auto 变量的执行速度，可分别让这两种存储类别的变量去执行同一个任务，计算执行任务前后的时间，计算时间差，这样来计算分别用这两种存储类别的变量执行任务所花费的时间。由于计算机运行速度很快，可执行一个循环次数较多的任务。

获取系统当期时间的函数为：time_t time(NULL)，该函数包含在“time.h”中。

第二步：算法设计。

第三步：编码实现。

```
#include <stdio.h>
#include <stdlib.h>
#include <time.h>
/*
功能：测试 register 变量和 auto 变量的执行速度
作者：周老师
时间：2022-06-16
版本：1.0
*/
void task1()
{
    //声明 register 变量 j,k
    register unsigned int j,k;
    //声明 time_t 类型变量 start,end,分别保存任务开始和结束的时间
    time_t start,end;
    start=time(NULL);
    for(j=0;j<60000;j++)
    {
        for(k=0;k<10000;k++);
    }
    end=time(NULL);
    printf("寄存器变量耗时：%.2f\n",difftime(end,start));
}
void task2()
{
    //声明 auto 变量 i,m
    unsigned int i,m;
    //声明 time_t 类型变量 start,end,分别保存任务开始和结束的时间
    time_t start,end;
    start=time(NULL);
    for(i=0;i<600000;i++)
    {
        for(m=0;m<10000;m++);
    }
    end=time(NULL);
    printf("auto 变量耗时：%.2f",difftime(end,start));

}
void main()
```

```
40.{
41.    task1();
42.    task2();
43.    system("pause");
44.}
```

第四步：运行和调试程序。

运行结果：

同时修改第 17 行和 31 行，将 600000 改为更大的数，测试输出结果：

案例 8：统计计算阶乘的函数 factorial 被调用的次数。

第一步：任务分析。

想要统计计算阶乘的函数 factorial 被调用了多少次，何同学给出的解决方案如下：

（1）定义变量 count，初值为 0。

（2）每调用一次 factorial 函数，count++。

（3）输出 count。

编码实现：

```
#include <stdio.h>
#include <stdlib.h>
int factorial(int n){
    int count=0;
    int fac=1;
```

```
6.     for(int i=1;i<n;i++){
7.        fac*=i;
8.     }
9.     count++;
10.    printf("本函数被调用了%d 次。\n",count);
11.    return fac;
12.}
13.void main(){
14.    printf("5!=%d\n",factorial(5));
15.    printf("7!=%d\n",factorial(7));
16.    printf("10!=%d\n",factorial(10));
17.    system("pause");
18.}
```

运行结果：

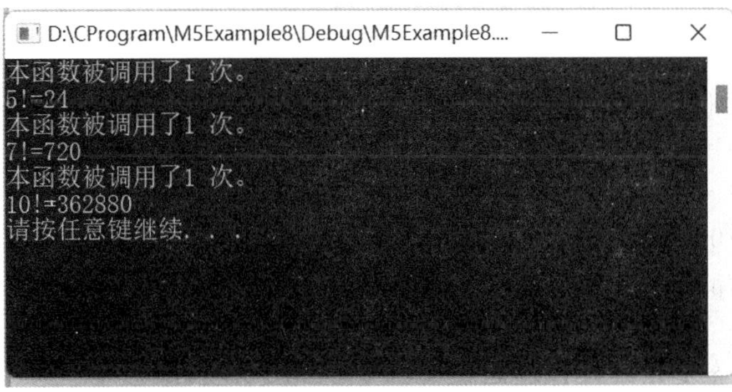

思考：以上代码并不能实现预期的结果，每次输出次数都是 1，为什么？

原因分析：

（1）变量的作用域：变量也有有效范围，在 factorial 函数中定义的变量，作用域就是在 factorial 函数内，这样的变量称为局部变量。

（2）变量的生命周期：被调函数中的局部变量，每一次被调用时，分配内存空间，当本次调用结束返回主调层时，变量失效，空间释放。即被调函数局部变量的生命周期仅在本次调用期间。

要实现通过 count 变量统计 factorial 函数被调用次数，count 变量应该声明为全局变量或者静态变量。

将 count 变量的声明和初始化放到 factorial 函数定义之前，或者在第 4 行定义 count 语句之前加上 static 关键字。

第二步： 编码实现。

方案 1：用全局变量统计，代码如下：

```
1. #include <stdio.h>
2. #include <stdlib.h>
3. /*
```

```
功能：统计 factorial 函数的调用次数。
作者：肖老师
时间：2022-06-16
版本：1.0
*/
//定义全局变量
int count=0;
int factorial(int n){
    int fac=1;
    for(int i=1;i<n;i++){
        fac*=i;
    }
    count++;
    printf("本函数被调用了%d 次。\n",count);
    return fac;
}
void main(){
    printf("5!=%d\n",factorial(5));
    printf("7!=%d\n",factorial(7));
    printf("10!=%d\n",factorial(10));
    system("pause");
}
```

方案 2：用静态变量统计，代码如下：

```
#include <stdio.h>
#include <stdlib.h>
/*
功能：统计 factorial 函数的调用次数。
作者：肖老师
时间：2022-06-16
版本：1.0
*/
//定义全局变量
//int count=0;
int factorial(int n){
    static int count=0;
    int fac=1;
    for(int i=1;i<n;i++){
        fac*=i;
    }
    count++;
```

```
    printf("本函数被调用了%d 次。\n",count);
    return fac;
}
void main(){
    printf("5!=%d\n",factorial(5));
    printf("7!=%d\n",factorial(7));
    printf("10!=%d\n",factorial(10));
    system("pause");
}
```

第三步：运行和调试程序。

第一种方案运行结果：

第二种方案运行结果：

第四步：程序阅读。

除了方案 1 和方案 2，还有没有其他解决方案呢？

六、递归函数

用“云课堂智慧职教”App扫码学习“递归函数”的视频资源。

1. 定义

递归函数：函数直接或者间接调用函数自身。

2. 递归函数的适用场合

问题可以简化成比自身更简单的情况。也就是说，能找到递推公式和递推出口

比如：计算 1000!

1000! =1000*999!

999! =999*998!

…

1!=1

$$n!=\begin{cases} n*(n-1)! & \text{当 } n>1 \text{ 时} \\ 1 & \text{当 } n=1 \text{ 时} \end{cases}$$

比如：计算 Fibonacci 数列第 50 项的值 fibo(50)

fibo(50)=fibo(48)+fibo(49)

fibo(48)=fibo(47)+fibo(46)

…

fibo(1)=fibo(2)=1

$$fibo(n)=\begin{cases} fibo(n-1)+fibo(n-1) & \text{当 } n>2 \text{ 时} \\ 1 & \text{当 } n=1\text{，}2 \text{ 时} \end{cases}$$

3. 递归函数的定义

```
    返回值的类型    函数名（形参列表）
{
    if(递推出口)
        return  值;
    else
        return 递归调用;
}
```

案例 9：用递归函数实现计算 n!，n 在主函数中由键盘输入。

第一步：需求分析。

n!可化解为比自身更为简单的情况，可选择采用递归来计算 n!。

递归函数的相关信息如下：

函数返回值的类型	int
函数名	factorial
形参列表	int n
函数体	计算阶乘

第二步： 算法设计。

第三步： 编码实现。

```
#include <stdio.h>
#include <stdlib.h>
/*
功能：编写递归函数实现计算 n 的阶乘
作者：肖老师
时间：2022-06-17
版本：1.0
*/

//递归函数，计算 n!
int factorial(int n)
{
    if(n==1)
    {
        return 1;
    }
    else
    {
        return n*factorial(n-1);
    }
```

```
}
void main()
{
    int n;
    printf("请输入要计算哪个数的阶乘：");
    scanf("%d",&n);
    printf("%d!=%d\n",n,factorial(n));
    system("pause");
}
```

第四步：运行和调试程序。

运行结果：

练一练：

用递归计算 Fibonacci 数列的第 n 项，n 在主函数中由键盘输入。

第一步：需求分析。

递推公式：fibo(n)=fibo(n-1)+fibo(n-2)　　当 n>2

递推出口：fibo(n)=1　　　　　　　　　　当 n=1,2

第二步：算法设计。

第三步：编码实现。

第四步：运行和调试程序。

运行结果：

七、指针与函数

1. 数组名作为函数参数

数组名代表数组的首地址，是一个常量，实参为数组名时表示实参向形参传递的是数组的首地址，形参和实参存放的是同一个地址，也可以说实参和形参指向同一段地址空间。

```
#include <stdio.h>
#include <stdlib.h>
float average(float *pa);
void main()
{
    float score[5],av,*sp;
    int i;
    //sp 指向数组 score
    sp=score;
    printf("\n 请输入 5 个分数:\n");
```

```
11.    for(i=0;i<5;i++)
12.       scanf("%f",&score[i]);
13.    //函数调用
14.    av=average(sp);
15.    printf("平均分为：%5.2f\n",av);
16.    system("pause");
17.}
18.//计算平均分函数
19.float average(float *pa)
20.{
21.    int i;
22.    float av,s=0;
23.    for(i=0;i<5;i++)
24.       s=s+*pa++;
25.    av=s/5;
26.    return av;
27.}
```

上述代码中，第 14 行代码中函数 average()调用，实参 sp 也就是数组 score 的地址，将实参 sp 传递给形参 pa，则形参和实参指向的是同一个数组。因此函数 average 的功能是计算 score 数组中元素的平均值。

2. 函数指针变量

在 C 语言中规定，一个函数总是占用一段连续的内存区，而函数名就是该函数所占内存区的首地址。因此可以把函数的这个首地址（或称入口地址）赋予一个指针变量，使该指针变量指向该函数，然后通过这个指针变量就可以找到并调用这个函数。我们把这种指向函数的指针变量称为函数指针变量。

声明函数指针变量的语法如下：

```
类型说明符 (*指针变量名)([参数列表]);
```

其中：

（1）“类型说明符”表示被指函数的返回值的类型。

（2）“(* 指针变量名)”表示“*”后面的变量是定义的指针变量。

（3）圆括号表示指针变量所指的是一个函数，如果省略参数列表，表示无参函数。

（4）参数列表中明确每个参数的类型，不用指定参数名。

例如：int (*pf)();

表示 pf 是一个存放函数地址的指针变量，该函数是一个无参函数，返回值(函数值)是整型。

下面通过例子来说明用指针形式实现对函数调用的方法。

```
#include <stdio.h>
#include <stdlib.h>
```

```
3. /*
4. 功能：通过函数指针变量调用函数，分别计算两个数的较大值和较小值
5. 作者：周老师
6. 时间：2022-06-17
7. 版本：1.0
8. */
9. //max 函数实现返回 a,b 中的较大值
10.int max(int a,int b)
11.{
12.    if(a>b)
13.        return a;
14.    else
15.        return b;
16.}
17.//min 函数返回 a,b 中的较小值
18.int min(int a,int b)
19.{
20.    return a<b?a:b;
21.}
22.void main()
23.{
24.    //声明函数指针变量，可指向一个返回类型为 int,带 2 个 int 类型参数的函数。
25.    int(*pfun)(int,int);
26.    int x,y,z;
27.    //将 max 函数的地址赋给函数指针变量 pfun
28.    pfun=max;
29.    printf("请输入两个整数:\n");
30.    scanf("%d%d",&x,&y);
31.    //通过函数指针变量调用 max 函数
32.    z=(*pfun)(x,y);
33.    printf("较大值为：%d",z);
34.    //将 min 函数的地址赋给函数指针变量 pfun
35.    pfun=min;
36.    //通过函数指针变量调用 min 函数
37.    z=(*pfun)(x,y);
38.    printf("较小值为：%d",z);
39.    system("pause");
40.}
```

从上述程序可以看出，用函数指针变量形式调用函数的步骤如下：

（1）先定义函数指针变量，如程序中第 25 行“int (*pfun)(int,int);”定义名为 pfun 的

函数指针变量；

（2）把被调函数的入口地址(函数名)赋予该函数指针变量，如程序中第 28 行“pfun=max;”和第 35 行“pfun=min;”。

（3）用函数指针变量形式调用函数，如程序第 32 行“z=(*pfun)(x,y);”和第 37 行“z=(*pfun)(x,y);”。

函数指针变量调用函数的一般形式为：

```
（*指针变量名）（实参列表）；
```

使用函数指针变量还应注意以下两点：

（1）函数指针变量不能进行算术运算，这是与数组指针变量不同的。数组指针变量加减一个整数可使指针移动指向后面或前面的数组元素，而函数指针的移动是毫无意义的。

（2）函数调用中“(*指针变量名)”的两边的括号不可少，其中的*不应该理解为求值运算，在此处它只是一种表示符号。

3. 指针型函数

函数类型是指函数返回值的类型。在 C 语言中允许一个函数的返回值是一个指针(即地址)，这种返回指针值的函数称为指针型函数。

语法如下：

```
类型说明符 *函数名(形参表)
{
    … /*函数体*/
}
```

其中：

（1）函数名之前加了“*”号表明这是一个指针型函数，即返回值是一个指针。

（2）类型说明符表示了返回的指针值所指向的数据类型。

如：

```
int *ap(int x,int y)
{
...... /*函数体*/
}
```

表示 ap 是一个返回类型为指针的指针型函数，函数运行结束返回一个指向一个整型变量的地址。

下列代码定义了一个指针型函数 day_name，它的返回值指向一个字符串。该函数中定义了一个静态指针数组 name。name 数组初始化赋值为 8 个字符串，分别表示各个星期名及出错提示。形参 n 表示与星期名所对应的整数。在主函数中，把输入的整数 i 作为实参，在 printf 语句中调用 day_name 函数并把 i 值传送给形参 n。day_name 函数中的 return 语句包含一个条件表达式，n 值若大于 7 或小于 1 则把 name[0]指针返回主函数以输出出错提示字符串“Illegal day”。否则返回主函数以输出对应的星期名。

```
#include <stdio.h>
#include <stdlib.h>
/*
功能：通过函数指针变量调用函数，实现根据输入星期几，输出对应的英文。
*/
void main()
{
    int i;
    //声明一个函数指针变量 day_name，它可以存放一个返回类型为 char*，包含一个 int 类型参数的函数
    char *day_name(int);
    printf("请输入星期几（1-7）:\n");
    scanf("%d",&i);
    printf("星期%2d：-->%s\n",i,day_name(i));
    system("pause");
}
//day_name 为指针函数，该函数返回一个字符串的地址
char *day_name(int n)
{
    //声明一个静态局部数组，数组中的每一个元素都是一个 char*，也就是说没有元素都能指向一个字符串的首地址
    static char *name[]={ "Illegal day","Monday","Tuesday","Wednesday",
        "Thursday","Friday","Saturday","Sunday"};
    //如果输入 1-7 以外的数字，返回“Illegal day”
    return((n<1||n>7) ? name[0] : name[n]);
}
```

本程序是通过指针函数，输入一个 1 ~ 7 的整数，输出对应的星期名。一个数组元素值为指针的数组是指针数组。指针数组是一组有序的指针的集合。指针数组的所有元素都必须是具有相同存储类型和指向相同数据类型的指针变量。

练一练：

指针型函数：________________________________

函数指针变量：________________________________

任务实施

第一步：任务分析。

根据任务描述，采用模块化开发思想，将任务分成六个模块，每个模块对应一个函数，分别由团队 4 个人分工完成，任务分工如下：

函数	函数名	返回类型	分工	源文件
函数 1：用户登录验证	login()	int	史老师	login.cpp
函数 2：显示系统主界面	mainForm()	void	肖老师	mainForm.cpp
函数 3：查看防疫物资	displayAll()	void	周老师	empOption.cpp
函数 4：防疫物资入库	inBound()	void	周老师	empOption.cpp
函数 5：防疫物资出库	outBound()	void	周老师	empOption.cpp
函数 6：查询防疫物资	search()	void	周老师	empOption.cpp
主函数	main	void	王工	project.cpp

第二步：算法设计。

第三步：编码实现。

login.cpp 源文件中包含 login 函数，实现用户登录验证，代码如下：

```
#include <stdio.h>
#include <string.h>
/*
功能:键盘输入用户名和密码,完成登录验证,如果用户名为admin,密码为123456,登录成功，返回1，否则返回0
作者：史老师
时间：2022-06-18
版本：1.0
*/
int login()
{
    char name[50],password[20];
    printf("请输入姓名：");
    gets(name);
    printf("请输入密码：");
    gets(password);
    if(strcmp(name,"admin")==0 && strcmp(password,"123456")==0)
    {
```

```
        return 1;
    }
    else
    {
        return 0;
    }
}
```

mainForm.cpp 源文件包含 mainForm 函数，实现显示系统主界面，代码如下：

```
#include <stdio.h>
/*
功能：显示系统主界面
作者：肖老师
时间：2022-06-17
版本：1.0
*/
void mainForm()
{
    printf("    欢迎使用防疫物资管理系统！  \n");
    printf("**********************************\n");
    printf("    1.防疫物资入库\n");
    printf("    2.防疫物资出库\n");
    printf("    3.查看所有物资信息\n");
    printf("    4.查询防疫物资信息\n");
    printf("    0.退出系统\n");
    printf("**********************************\n");
    printf("请输入您要进行的操作前的数字：");
}
```

empOption.cpp 源文件包含 inBound()、outBound()、displayAll()、search()函数，分别实现防疫物资入库、出库，显示所有防疫物资信息和查询防疫物资，代码如下：

```
#include <stdio.h>
#include <string.h>
#include <malloc.h>
/*
功能：实现防疫物资入库、出库、查看和查找功能
作者：周老师
时间：2022-06-19
版本：1.0
*/
//定义防疫物资类型
typedef struct EpidemicPreventionMaterials
```

```
{
    //防疫物资名称
    char name[20];
    //品牌
    char brand[15];
    //单价
    double unitPrice;
    //数量
    int quantity;
}EPM;
//定义结点类型
struct Node
{
    EPM  epm;
    struct Node *next;
};
struct Node * head=NULL;
struct Node *p,*q;
char name[20];
//防疫物资入库
void  inBound()
{
    int quantity;
    printf("请输入入库的防疫物资名称：");
    gets(name);
    p=head;
    while(p)
    {
        //如果入库物资已存在，则增加该物资的数量
        if(strcmp(p->epm.name,name)==0)
        {
            printf("入库的数量：");
            scanf("%d",&quantity);
            p->epm.quantity+=quantity;
            printf("%s 成功入库！\n",name);
            break;
        }
        p=p->next;
    }
    //如果 head 为空，或者 p 为空说明系统中没有防疫物资信息
```

```
    if(head==NULL||p==NULL)
    {
        EPM  epm;
        strcpy(epm.name,name);
        printf("品牌：");
        gets(epm.brand);
        printf("单价:");
        scanf("%lf",&epm.unitPrice);
        printf("数量：");
        scanf("%d",&epm.quantity);
        q=(struct Node *)malloc(sizeof(struct Node));
        q->epm=epm;
        q->next=head;
        head=q;
        printf("%s成功入库！\n",name);
    }

}
//防疫物资出库
void outBound()
{
    int quantity;
    printf("\n请输入出库物资名称:");
    gets(name);
    p=head;
    //查找出库物资是否存在
    while(p)
    {
        //如果存在该物资，输入出库数量
        if(strcmp(p->epm.name,name)==0)
        {
            printf("\n请输入出库数量：");
            scanf("%d",&quantity);
            //如果出库数量小于库存量
            if(quantity<p->epm.quantity)
            {
                //库存减去领用数量
                p->epm.quantity-=quantity;
                //输出领用成功
                printf("成功领取%d件%s！\n",quantity,p->epm.name);
```

```
                break;
            }
            else
            {
                printf("库存不够！该物资库存只有%d\n",p->epm.quantity);
                break;
            }
        }
        p=p->next;
    }
    //如果链表中没有找到要领用的物资，输出相应的提示
    if(p==NULL)
    {
        printf("未找到你领取的防疫物资！\n");
    }

}
//查看所有防疫物资
void displayAll()
{
    //遍历链表，输出所有物资的信息
    p=head;
    printf("物资信息包含：\n");
    while(p)
    {
        printf("物资名称：%-20s 品牌：%-15s 单价：%-10.2lf 数量：%-10d\n",p->epm.name,p->epm.brand,p->epm.unitPrice,p->epm.quantity);
        p=p->next;
    }
}
//根据防疫物资名称查找物资信息
void search()
{
    //输入要查找的物资名称
    printf("\n 请输入查找物资名称:");
    gets(name);
    //查找链表中是否包含该物资
    p=head;
    while(p)
    {
```

```
        //如果当前结点的物资名和要查找的物资名相等，则输出该结点的信息
        if(strcmp(p->epm.name,name)==0)
        {
            printf("物资名称：%-20s 品牌：%-15s 单价：%-10.2lf 数量：%-10d\n", p->epm.name,p->epm.brand,p->epm.unitPrice,p->epm.quantity);
            break;
        }
        //指向下一个结点
        p=p->next;
    }
    if(p==NULL)
    {
        printf("没有找到该物资！ \n");
    }
}
```

project.cpp 源文件中包含主函数，通过调用其他源文件中的函数实现程序功能，代码如下：

```
#include <stdio.h>
#include <stdlib.h>
#include <string.h>
/*
功能：对模块四的项目三进行重构，按照模块化开发思想，将项目细分为 5 个模块，分别实现以下功能：
1.用户登录验证：提示用户输入用户名和密码，如果输入正确，进入系统的主界面
2.显示系统主界面：按任务要求显示主界面
3.查看防疫物资：显示所有的防疫物资的名称和数量等信息；
4.防疫物资入库：实现对指定防疫物资数量的增加；
5.防疫物资出库：实现对指定防疫物资数量的减少；
作者：王工
时间：2022-06-20
版本：2.0
*/

//函数声明
int  login();
void inBound();
void outBound();
void mainForm();
void displayAll();
```

```
void search();
void main()
{
    int choice;
    int result=login();
    if(result==1)
    {
        while(1)
        {
            mainForm();
            scanf("%d",&choice);
            getchar();
            switch(choice)
            {
            case 1:
                inBound();
                break;
            case 2:
                outBound();
                break;
            case 3:
                displayAll();
                break;
            case 4:
                search();
                break;
            case 0:
                printf("退出系统！\n");
                return ;
            }
        }
    }
    else
    {
        printf("您输入的用户名或者密码不正确，不能进入系统！\n");
    }
    system("pause");
}
```

第四步：运行和调试程序。

运行结果：

第五步： 程序阅读理解。

（1）阅读程序，写出调用其他源文件中的函数的步骤。

（2）写出程序中表示链表中新增一个结点的语句。

（3）判断链表结束的条件。

成果展示

将活页任务单、项目源代码和运行效果提交到课程平台。

评价与反思

结合项目的完成情况，各方参照评价指标，客观公正完成评价。

评价表

评价项目		评分标准	分值	评价			总评得分
				自评	互评	师评	
过程性评价	线上资源学习	完成线上资源学习、参与课程讨论	10				
	团队协作	各小组分工合理，能协作开展工作	10				
	解决问题能力	能主动查验资料解决问题	5				
	劳动素养	积极主动完成任务	10				
	职业素养	规范编码	5				
结果性评价	是否按计划完成任务	在规定时间内完成任务	15				
	任务完成情况	完成活页任务单中的任务	30				
	展示汇报	清楚、有条理地表达	15				

反思：

<table>
<tr><td rowspan="10">任务
反思</td><td>通过本任务的实现，结合任务完成过程中自己遇到的问题和学习成果评价结果，对任务的完成过程、完成结果进行反思和分析，并提出有效的解决措施</td></tr>
<tr><td>问题 1：</td></tr>
<tr><td>产生原因：</td></tr>
<tr><td>解决办法：</td></tr>
<tr><td>问题 2：</td></tr>
<tr><td>产生原因：</td></tr>
<tr><td>解决办法：</td></tr>
<tr><td>问题 3：</td></tr>
<tr><td>产生原因：</td></tr>
<tr><td>解决办法：</td></tr>
</table>

拓展练习

定义一个用户管理系统，包含以下用户信息：

姓名

性别

出生年月

电话号码

家庭地址

email

输入 10 位用户信息，并按照姓名排序输出。

课后作业

1. 使用系统函数，将一段字符串中所有大写字母转换为小写字母，小写字母转换为大写字母。

2. 编写一个程序，验证哥德巴赫猜想：任何一个不小于 6 的偶数可以表示为两个素数之和。

3. 输入一个秒，转换为“时：分：秒”的形式。

4. 一个球从 200 米高空落下，每次反弹的高度是之前高度的一半，请问第 10 次反弹的高度是多少？

模块六　用文件实现数据的存储

学习目标

完成本学习任务后，应当能够：

- 理解缓冲文件系统；
- 使用文件类型指针（FILE 类型指针）；
- 熟练使用文件的打开与关闭；
- 使用 C 提供的常用输入输出标准库函数和文件位置函数；
- 能够编写程序进行简单的文件读写。

学习内容

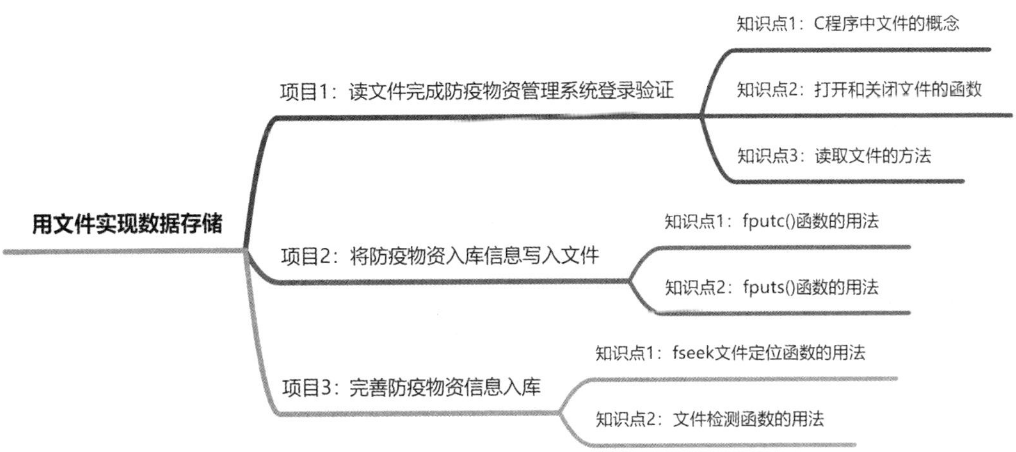

项目 1　读文件完成防疫物资管理系统登录验证

任务描述

登录防疫物资管理系统的用户名和密码存放在 D 盘根目录下 user.txt 文件中，当登录防疫物资管理系统时，将输入的用户名和密码与 user.txt 文件中保存的用户名和密码进行验证。

技术准备

在前面模块中，程序的输入来源于初始化赋值或者键盘输入，程序的运行结果在显示器中显示。程序运行中产生的数据、运行结果都存放在内存中，程序运行结束，这些数据都会消失，在实际应用开发中，输入、计算中间结果、输出等信息往往需要在外部存储介质（比如磁盘等）永久保存下来，这就需要用到对文件的读写。

用“云课堂智慧职教”App 扫码学习“文件”的视频资源。

一、文件的相关概念

1. 文件的基本概念

“文件”是指存储在外部存储介质（磁盘等）一组相关数据的有序集合。程序文件保存程序，数据文件保存数据，在前面的模块中多次用到文件，例如源程序文件、目标文件、可执行文件、库文件 （头文件）等。文件通常保存在外部介质（如磁盘等）上，在使用时才从外部介质调入内存。

2. 文件的分类

从不同的角度可对文件作不同的分类。

（1）按照文件中数据在磁盘上的存储格式，文件可分为文本文件（ASCII 码文件）和二进制文件两种。

文本文件中保存数据，是将每个字符对应的 ASCII 码存储在文件中，即先将全部数据转换为 ASCII 码形式，每个 ASCII 码占 1 个字节。例如，“ABCD”的存储形式为：

ASCII 码：　01000001 01000010 01000011 01000100
　　　　　　↓　　　↓　　　↓　　　↓
十进制码：　65　　66　　67　　68

共占用 4 个字节。文本文件可在屏幕上按字符显示。例如，源程序文件就是文本文件，由于是按字符显示，因此用文本编辑软件打开源程序文件能直接阅读文件的内容。

二进制文件中保存的数据，是将数据在内存中二进制存储格式直接保存在文件中，不做任何转换。使用编辑软件打开二进制文件不能直接阅读。

（2）从用户的角度，文件分为普通文件和特殊文件（设备文件）。

普通文件是指存储在磁盘等外部介质上的一个有序数据集，可以是源文件、目标文件、可执行程序；也可以是一组待输入处理的原始数据，或者是一组输出的结果。对于源文件、目标文件、可执行程序可以称作程序文件，对保存输入数据和输出结果的文件称作数据文件。

设备文件是指与主机进行数据交换的输入输出设备，如显示器、打印机、键盘等。在操作系统中，把实际的物理外部设备抽象成一个逻辑文件来进行管理，称为设备文件。通常把显示器定义为标准输出文件，一般情况下在屏幕上显示有关信息就是向标准输出文件输出。如前面经常使用的 printf、putchar 函数等，这类函数的输出都是写入标准输出文件（显示器显示）。键盘通常被指定为标准输入文件，从键盘上输入就意味着从标准输入文件上输入数据。scanf、getchar 函数就属于这类输入。

C 语言程序不能直接对保存在外部存储介质的文件进行操作，需要通过打开文件的方式将普通文件或者设备文件中的数据缓冲到内存中，再用一个 FILE 类型的指针变量指向这块文件缓冲区，这个 FILE 类型的指针变量称为文件指针。定义文件指针的一般形式为：

FILE* 指针变量标识符；其中 FILE 为大写，FILE 结构体类型不需要用户自己定义，是由系统事先定义好的，固定包含在 stdio.h 文件中。该结构体类型中含有文件名、文件状态和文件当前位置等信息。

注意：标准设备文件由系统控制，由系统自动打开和关闭，标准设备文件的文件结构指针变量由系统命名，用户在程序中可直接使用，这也是在这之前的程序实现通过键盘输入和显示器输出并没有打开文件的原因。C 语言中提供的三个标准设备文件的指针分别是：

stdin：标准输入文件（键盘）。

stdout：标准输出文件（显示器）。

stderr：标准错误输出文件（显示器）。

在 C 语言中，文件操作都是由库函数来完成的。在本模块内将介绍主要的文件操作函数。

二、使用文件的步骤

对文件进行操作要经过以下三步：

第一步：打开文件。打开文件就是通过文件指针建立程序和文件的联系，为文件开辟缓冲区，将磁盘文件中的数据加载到内存中，便于程序使用。

第二步：操作文件。操作文件是指对文件的读、写、追加和定位等操作。对文件的读操作是指将文件中的数据读入到程序中；写操作是指将程序中的数据写入文件；追加是指将程序中的数据写入到文件的末尾，不覆盖原有文件的内容；定位操作是指将文件读写位置指针定位到指定位置。

第三步：关闭文件。关闭文件是指将文件缓冲区中的内容写入磁盘文件，并释放文件指针，切断程序与文件之间的联系。

例如：FILE *fp；表示 fp 是指向 FILE 结构的指针变量，通过 fp 即可找到存放某个文件信息的结构变量，然后按结构变量提供的信息找到该文件，完成对文件的操作。文件在进行读写操作之前要先打开，使用完毕要关闭。所谓打开文件，实际上是将硬盘中的文件数据读到内存缓冲区中，并使文件指针指向该缓冲区，以便进行其他操作。关闭文件则是断开指针与文件之间的联系，也就禁止再对该文件进行操作。

1. 文件指针(FILE)

语法如下：

```
FILE *变量名;
```

其中 FILE 是由系统定义的结构体类型。例如：

```
FILE *fp;
```

2. 打开文件(fopen)

语法如下：

```
文件指针名=fopen("文件名", "打开方式");
```

其中：

（1）“文件指针名”必须是被说明为 FILE 类型的指针变量；

（2）“文件名”是被打开文件的文件名；

（3）“使用文件方式”是指文件的类型和操作要求。

“文件名”是字符串常量或字符串数组。例如：

```
FILE *fp;
fp=("file1","r");
```

其意义是在当前目录下打开文件 file1，只允许进行“读”操作，并使 fp 指向该文件。

又如：

```
FILE *fp;
fp=("c:\\data.dat',"rb")
```

其意义是打开 C 盘根目录下的文件 data.dat，这是一个二进制文件，只允许按二进制方式进行读操作。两个反斜线“\\”中的第一个表示转义字符，第二个表示根目录。使用文件的方式共有 12 种，下面给出了它们的符号和意义，见表 6.1。

表 6.1　文件的使用方式

文件使用方式	含义	功　能
“r”	只读	打开一个文本文件，只允许读数据
“w”	只写	打开或建立一个文本文件，只允许写数据
“a”	追加	打开一个文本文件，并在文件末尾写数据
“rb”	只读	打开一个二进制文件，只允许读数据
“wb”	只写	打开或建立一个二进制文件，只允许写数据
“ab”	追加	打开一个二进制文件，并在文件末尾写数据
“r+”	读写	打开一个文本文件，允许读和写
“w+”	读写	打开或建立一个文本文件，允许读写
“a+”	读写	打开一个文本文件，允许读，或在文件末追加数据
“rb+”	读写	打开一个二进制文件，允许读和写
“wb+”	读写	打开或建立一个二进制文件，允许读和写
“ab+”	读写	打开一个二进制文件，允许读，或在文件末追加数据

对于文件使用方式有以下几点说明：

（1）文件使用方式由 r,w,a,b，+五个字符拼成，各字符的含义是：

r(read)：读。

w(write)：写。

a(append)：追加。

b(binary)：二进制文件。

+：读和写。

（2）凡用“r”打开一个文件时，该文件必须已经存在，且只能从该文件读出。

（3）用“w”打开的文件只能向该文件写入。若打开的文件不存在，则以指定的文件名建立该文件，若打开的文件已经存在，则将该文件删去，重建一个新文件。

（4）若要向一个已存在的文件追加新的信息，只能用“a”方式打开文件。但此时该文件必须是存在的，否则将会出错。

（5）在打开一个文件时，如果出错，fopen 将返回一个空指针值 NULL。在程序中可以用这一信息来判别是否完成打开文件的工作，并作相应地处理。因此常用以下程序段来打开文件：

```
if((fp=fopen("c:\\data.dat","rb")==NULL)
{
printf("\nerror on open c:\\data.dat file!");
getch();
exit(1);
}
```

这段程序的意义是，如果返回的指针为空，表示不能打开 C 盘根目录下的 data.dat 文件，则给出提示信息“error on open c:\ data.dat file!”，getch()的功能是从键盘输入一个字符，但不在屏幕上显示。在这里，该行的作用是等待，只有当用户从键盘敲任一键时，程序才继续执行，因此用户可利用这个等待时间阅读出错提示。敲键后执行 exit(1) 退出程序。

（6）把一个文本文件读入内存时，要将 ASCII 码转换成二进制码，而把文件以文本方式写入磁盘时，也要把二进制码转换成 ASCII 码，因此文本文件的读写要花费较多的转换时间。对二进制文件的读写不存在这种转换。

（7）标准输入文件(键盘)，标准输出文件（显示器），标准出错输出(出错信息)是由系统打开的，可直接使用。

3. 关闭文件(fclose)

语法如下：

```
fclose(文件指针);
```

例如：

fclose(fp);

正常完成关闭文件操作时，fclose 函数返回值为 0。如返回非零值则表示有错误发生。

三、文件的顺序读写

文件是一组数据的有序集合，fopen()将磁盘中的文件内容加载到内存缓冲区中，在对文件进行操作时，需要一个指向文件当前位置的指针，文件的位置指针由系统自动先后移动，依次访问缓冲区中的内容。对文件进行顺序操作的常用函数如表 6.2 所示。

表 6.2　常用的文件读写函数

函数名	函数功能	示例代码
fgetc()	从指定文件中读取一个字符	char ch=fgetc(fp);
fputc()	将程序中的一个字符写入文件中	fputc('a',fp);
fgets()	从指定文件中读入一个字符串	fgets(str,11,fp);
fputs()	将一个字符串写入文件	fputs("abcd",fp);
fscanf()	按照格式控制字符串中的格式，从文件中读取内容	fscanf(fp,"%d%s",&i,s);
fprintf()	将程序中的内容，按照格式控制字符串的要求写入文件	fprintf(fp,"%d%c",j,ch);
fread()	从文件读入指定大小数据块的内容	fread(qq,sizeof(struct stu),1,fp);
fwrite()	将指定数据块大小内容写入文件	fwrite(pp,sizeof(struct stu),1,fp);

1. 从文件读字符

fgetc 函数的功能是从指定的文件中读一个字符。

语法如下：

```
char   ch=fgetc(fp); //fp 为一个已经打开的文件的文件指针
```

其意义是从已打开的文件 fp 的当前文件指针处读取一个字符并存入 ch 中。

对于 fgetc 函数的使用有以下几点说明：

①在 fgetc 函数调用中，读取的文件必须是以读或读写方式打开的。

②读取字符的结果也可以不向字符变量赋值，例如：fgetc(fp)；但是此时读出的字符不能保存。

③在文件内部有一个位置指针，用来指向文件的当前读写位置。在文件打开时，该指针总是指向文件的第一个字节。使用 fgetc 函数后，该位置指针将向后移动一个字节。因此可连续多次使用 fgetc 函数，读取多个字符。

④若读取字符时，文件已经结束或者出错，则返回文件结束标志 EOF（-1）。

注意：文件指针和文件内部的位置指针不是一回事。文件指针是指向整个文件的，须在程序中定义说明，只要不重新赋值，文件指针的值是不变的。文件内部的位置指针用以指示文件内部的当前读写位置，每读写一次，该指针均向后移动，它不需在程序中定义说明，而是由系统自动设置的。

rewind(fp)：可以实现将文件位置指针移到文件开头。

案例 1：读取文件 data.txt 中的内容，并在控制台显示。

第一步：任务分析。

读取文件的步骤：

声明 FILE 类型指针变量；

fopen()函数打开文件；

fgetc()函数从文件读取字符，直到文件中所有字符都读取完；

fclose()函数关闭文件。

第二步：算法设计。

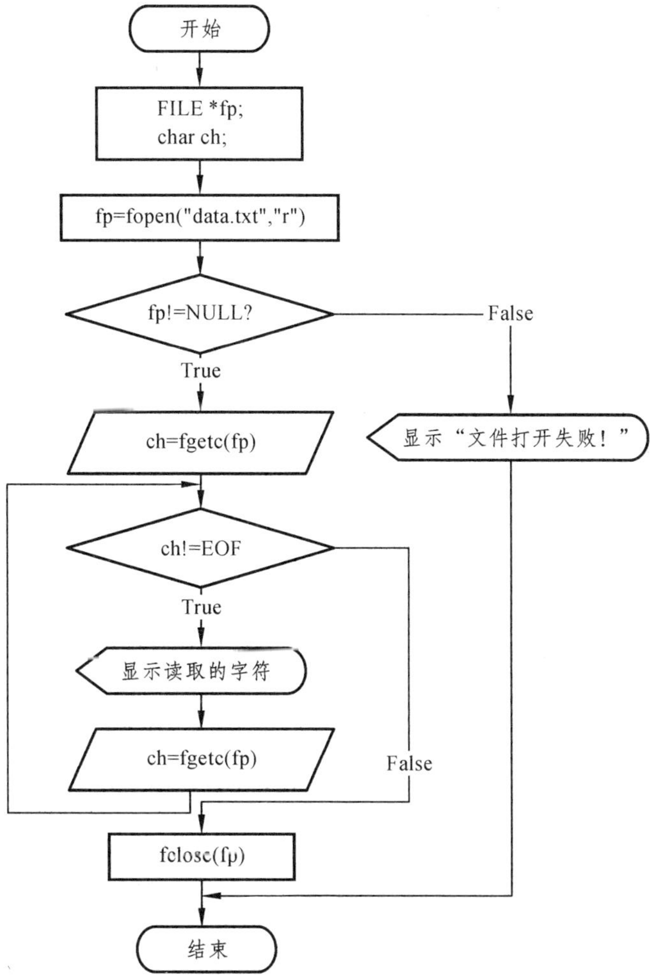

第三步：编码实现。

```
#include<stdio.h>
#include<stdlib.h>
/*
功能：用 fgetc()函数依次读取"data.txt"文件中的字符
作者：史老师
时间：2022-06-21
版本：1.0
*/
void main()
{
    //声明文件指针变量
    FILE *fp;
    char ch;
```

```
14.  //打开文件
15.  if((fp=fopen("data.txt","r"))==NULL)
16.  {
17.     printf("文件打开失败！");
18.     getchar();
19.     exit(1);
20.  }
21.  ch=fgetc(fp);
22.  //判断文件指针是否指向文件末尾
23.  while (ch!=EOF)
24.  {
25.     //输出文件
26.     putchar(ch);
27.     //从文件中读一个字符
28.     ch=fgetc(fp);
29.  }
30.  //关闭文件
31.  fclose(fp);
32.  system("pause");
33.}
```

第四步：运行和调试程序。

运行结果：

本案例程序的功能是从文件中逐个读取字符，并在屏幕上显示。程序中定义了文件指针 fp，以读文本文件方式打开文件“data.txt”，并使 fp 指向该文件。如打开文件出错，给出提示并退出程序。程序第 21 行先读出一个字符，然后进入循环，只要读出的字符不是文件结束标志（每个文件末有一结束标志 EOF），就把该字符显示在屏幕上，再读入下一字符。每读一次，文件内部的位置指针向后移动一个字符，文件结束时，该指针指向 EOF。执行本程序将显示整个文件。

2. 从文件中读取字符串函数

fgets 函数的功能是从指定的文件中读一个字符串到字符数组中。

语法如下：

```
fgets(字符数组名, n, 文件指针);
```

其中，n是一个正整数，表示从文件中读出的字符串不超过n-1个字符，在读入的最后一个字符后加上串结束标志'\0'。例如：fgets(str,n,fp)；的意义是从 fp 所指的文件中读出n-1个字符送入字符数组str中。

案例2：从data.txt文件中读入一个含10个字符的字符串。

第一步：任务分析。

新建一个Win32控制台的空项目，在项目源文件中新建一个data.txt文件，并在文件中写入内容。

声明FILE类型指针变量；

打开文件：fopen();

读取字符串：fgets();

关闭文件：fclose();

第二步：算法设计。

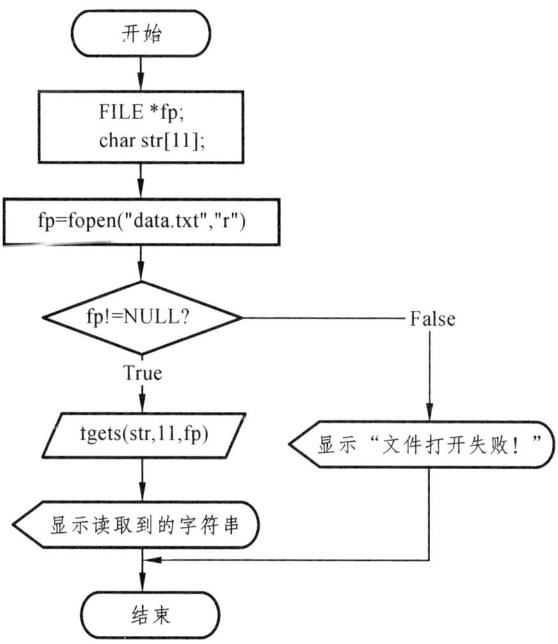

第三步：编码实现。

```
#include<stdio.h>
#include<stdlib.h>
/*
功能：用fgets()函数从文件读取一个指定长度的字符串
作者：史老师
时间：2022-06-23
```

```
版本：1.0
*/
void main()
{
    //声明文件指针
    FILE *fp;
    //声明一个字符数组，用来存放读入的字符串
    char str[11];
    //如果文件打开失败，输出“文件打开失败!”，程序结束
    if((fp=fopen("data.txt","r"))==NULL)
    {
        printf("文件打开失败！ \n");
        getchar();
        exit(1);
    }
    //从文件中读取一个长度为 10 的字符
    fgets(str,11,fp);
    //输出读到的字符串
    printf("%s",str);
    //关闭文件指针
    fclose(fp);
    system("pause");
}
```

第四步：运行和调试程序。

运行结果：

第五步：程序阅读理解。

（1）阅读程序，写出读取长度为 10 的字符串，str 数组长度要设置为 11 的原因。

（2）写出要读入多个字符串的步骤。

____

____

____

本例定义了一个字符数组 str，共 11 个字节，在以读文本文件方式打开文件 data.txt 后，从中读出 10 个字符送入 str 数组，在数组最后一个单元内将加上'\0'，然后在屏幕上显示输出 str 数组。

对 fgets 函数有两点说明：

①在读出 n-1 个字符之前，如遇到了换行符或 EOF，则读出结束。

②fgets 函数也有返回值，其返回值是字符数组的首地址。

3. 从文件中读一个数据块函数 fread

C 语言还提供了用于整块数据读写的函数，可用来读写一组数据，如一个数组元素，一个结构变量的值等。

语法如下：

```
fread(buffer,size,count,fp);/*读数据块*/
fwrite(buffer,size,count,fp);/*写数据块*/
```

其中：

（1）buffer 是一个指针，在 fread 函数中，它表示存放输入数据的首地址。在 fwrite 函数中，它表示存放输出数据的首地址。

（2）size 表示数据块的字节数。count 表示要读写的数据块块数。

（3）fp 表示文件指针。

例如：

fread(fa,4,5,fp);

其意义是从 fp 所指的文件中，每次读 4 个字节(一个实数)送入实数组 fa 中，连续读 5 次，即读 5 个实数到 fa 中。

案例 3：开发一个学生信息管理系统。

具体要求：

（1）系统功能：进入系统后，根据用户选择执行相应的操作。选 1，实现新增一个学生，键盘输入学生信息，并将学生信息写入 student.dat 文件的末尾；选 2，实现输出所有学生信息；选 0，上述操作可重复执行，直到用户选 0，退出系统。

（2）学生信息包含：学号、姓名、年龄和地址。

（3）按照模块化编程思想，新增学生、查看学生信息、显示系统界面分别用三个函数来实现。

第一步：任务分析。

（1）存放学生信息需要用到结构体类型。

（2）用到的主要函数：

打开文件函数：fopen()。

将学生信息写入文件用到的函数：fwrite()。

从文件中读取学生信息用到的函数：fread()。

关闭文件函数：fclose()。

（3）从文件中读取所有学生信息用到的流程控制语句：循环语句。

（4）采用模块化编程，需定义的函数：

函　数	功　能
void addStudent()	新增一个学生，并将学生信息写入文件
void outputStudents()	从文件中读取所有学生信息，并在显示器显示
void mainMenu()	显示系统主菜单

第二步： 算法设计。

第三步： 编码实现。

```
#include<stdio.h>
#include<stdlib.h>
/*
功能：开发一款学生信息管理系统，可实现添加学生信息和查看所有学生信息功能。
     学生信息保存在 student.dat 文件中；每次添加的学生信息都在文件的末尾
作者：肖老师
时间：2022-06-23
版本：1.0
*/
//定义结构体类型，用于保存学生信息
struct stu
{
    int num;//学号
    char name[10];//姓名
    int age;//年龄
    char address[15];//地址
```

```
}newStu,stu1,*pp,*qq;
/*
addStudent 函数实现键盘输入一个学生信息,并将学生信息添加到 student.dat 文件的末尾
*/
void addStudent()
{
    FILE *fp;
    int i;
    if((fp=fopen("student.dat","ab+"))==NULL)
    {
        printf("文件打开失败!");
        getchar();
        exit(1);
    }
    pp=&newStu;
    printf("请依次输入添加学生的学号、姓名、年龄和地址：\n");
    scanf("%d%s%d%s",&pp->num,pp->name,&pp->age,pp->address);
    //将学生信息写入文件
    fwrite(pp,sizeof(struct stu),1,fp);
    fclose(fp);
}
/*
功能：输出所有学生的信息
*/
void outputStudents()
{
    FILE *fp;
    int i;
    if((fp=fopen("student.dat","ab+"))==NULL)
    {
        printf("文件打开失败!");
        getchar();
        exit(1);
    }
    //从文件读入学生信息
    qq=&stu1;
    while(fread(qq,sizeof(struct stu),1,fp)!=0)
    {
        printf("\n%-5s%-10s%-7s%-15s\n","学号","姓名","年龄","地址");
```

```
        printf("%-5d%-10s%-7d%-15s\n",qq->num,qq->name,qq->age,qq->address);
    }
    fclose(fp);
}
/*
功能：显示学生信息管理系统的主界面
*/
void mainMenu()
{
    printf("    欢迎进入学生信息管理系统\n");
    printf("----------------------------------------\n");
    printf("    1.新增一个学生\n");
    printf("    2.查看所有学生信息\n");
    printf("    0.退出系统\n");
    printf("----------------------------------------\n");
    printf("请输入您的选择：\n");
}
void main()
{
    int choice;
    while(1)
    {
        mainMenu();
        scanf("%d",&choice);
        switch(choice)
        {
        case 1:
            addStudent();
            break;
        case 2:
            outputStudents();
            break;
        case 0:
            printf("感谢您使用学生信息管理系统！\n");
            system("pause");
            return;
        }
    }
    system("pause");
}
```

第四步：运行和调试程序。

运行结果：

第五步：程序阅读理解。

（1）阅读程序，fread()和 fwrite()函数主要用于文本文件还是二进制文件的读写？

（2）fread()函数的返回值有几种情况，表示的含义是？

4. 格式化读写函数 fscanf 和 fprintf

fscanf 函数、fprintf 函数与前面使用的 scanf 函数、printf 函数功能相似，都是格式化读写函数。两者的区别在于 fscanf 函数和 fprintf 函数的读写对象不是键盘和显示器，而是磁盘文件。

语法如下：

```
fscanf(文件指针，格式字符串，输入表列);
fprintf(文件指针，格式字符串，输出表列);
```

例如：

```
fscanf(fp,"%d%s",&i,s);
fprintf(fp,"%d%c",j,ch);
```

用 fscanf 和 fprintf 函数也可以完成案例 3 的问题。

任务实施

第一步：任务分析。

（1）保存登录用户名和密码的文件为“user.txt”，在 D 盘根目录下新建 user.txt 文件，文件内容如下：

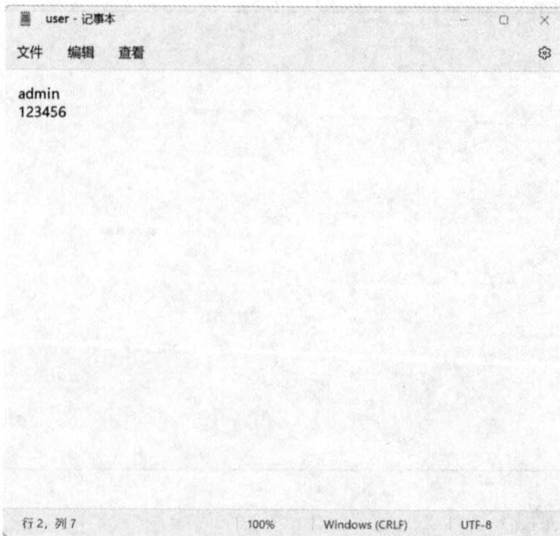

（2）读取文件 user.txt 中的用户名和密码的函数：fgets()。

第二步：算法设计。

用流程图描述完成项目用到的算法：

第三步：编码实现。

```
#include <stdio.h>
#include <stdlib.h>
#include <string.h>
/*
功能：键盘输入用户名和密码，完成登录验证，如果输入的用户名和密码和 D 盘下 user.txt 文件中的用户名和密码相等，登录成功，返回 1，否则返回 0
作者：史老师
时间：2022-06-20
版本：1.0
*/
```

```
int  login()
{
    char name[50],password[20];
    char fname[50],fpassword[20];
    printf("请输入姓名：");
    gets(name);
    printf("请输入密码：");
    gets(password);
    //打开文件
    FILE *fp=fopen("D:\\user.txt","r");
    fgets(fname,50,fp);
    fgets(fpassword,20,fp);

    //如果 fname 最后一个字符为回车符，则删掉该回车符
    if(fname[strlen(fname)-1]=='\n')
    {
        fname[strlen(fname)-1]='\0';
    }
    //如果 fpassword 最后一个字符为回车符，则删掉该回车符
    if(fpassword[strlen(fpassword)-1]=='\0')
    {
        fpassword[strlen(fpassword)-1]='\0';
    }
    //关闭文件
    fclose(fp);

    if(strcmp(name,fname)==0 && strcmp(password,fpassword)==0)
    {
        return 1;
    }
    else
    {
        return 0;
    }
}
void main()
{
    if(login()==1)
    {
        printf("登录成功！\n");
```

```
    }
    else
    {
        printf("登录失败！\n");

    }
    system("pause");
}
```

第四步：运行和调试程序。

运行结果：

成果展示

将活页任务单和安装成功截图提交到课程平台。

评价与反思

结合项目的完成情况，各方参照评价指标，客观公正完成评价。

评价表

评价项目		评分标准	分值	评价			总评得分
				自评	互评	师评	
过程性评价	线上资源学习	完成线上资源学习、参与课程讨论	10				
	团队协作	各小组分工合理，能协作开展工作	10				
	解决问题能力	能主动查验资料解决问题	5				
	劳动素养	积极主动完成任务	10				
	职业素养	规范编写代码	5				
结果性评价	是否按计划完成任务	在规定时间内完成任务	15				
	任务完成情况	读取文件完成用户登录验证	30				
	展示汇报	清楚、有条理地表达	15				

反思：

任务反思	通过本任务的实现，结合任务完成过程中自己遇到的问题和学习成果评价结果，对任务的完成过程、完成结果进行反思和分析，并提出有效的解决措施
	问题 1：
	产生原因：
	解决办法：
	问题 2：
	产生原因：
	解决办法：
	问题 3：
	产生原因：
	解决办法：

拓展练习

有一磁盘文件“Employee”内存放有职工的数据。每个职工数据包含职工姓名、职工号、性别、年龄、住址、工资、健康状况、文化程度。现要求将职工姓名、工资的信息单独抽出来打印在控制台。

课后作业

1. 有两个磁盘文件“A”和“B”，各存放一行字母，现要求把这两个文件中的信息交换。

项目 2　将防疫物资入库信息写入文件

任务描述

在上一个模块中，防疫物资入库时，是通过链表来保存防疫物资信息的，物资信息保存在内存中，程序运行结束，防疫物资信息就消失了。本任务要求将防疫物资信息通过文件永久保存下来以完善防疫物资管理系统，防疫物资入库时，需要将防疫物资信息写入文件中永久保存下来。

技术准备

1. 写字符函数 fputc

fputc 函数的功能是把一个字符写入指定的文件中。

语法如下：

```
fputc(字符量，文件指针);
```

其中，待写入的字符量可以是字符常量或变量，例如：fputc('a',fp)；其意义是把字符a写入fp所指向的文件中。

对于fputc函数的使用也有以下几点说明：

（1）被写入的文件可以用写、读写、追加方式打开，用写或读写方式打开一个已存在的文件时将清除原有的文件内容，写入字符将从文件首开始。如需保留原有文件内容，希望写入的字符在文件末开始存放，必须以追加方式打开文件。被写入的文件若不存在，则创建该文件。

（2）每写入一个字符，文件内部位置指针向后移动一个字节。

（3）fputc函数有一个返回值，如写入成功则返回写入的字符，否则返回一个EOF。可用此来判断写入是否成功。

案例4：从键盘输入一行字符，写入一个文件， 再把该文件内容读出显示在屏幕上。

第一步：按读写方式打开文件。

fp=fopen("data.txt","w+");

第二步：用C语言编码实现。

```
#include<stdio.h>
#include <stdlib.h>
/*
功能：写文件
作者：史老师
时间：2022-06-25
版本：1.0
*/
void main()
{
  //声明FILE指针变量
  FILE *fp;
  char ch;
  //打开文件
  if((fp=fopen("data.txt","wt+"))==NULL)
  {
    printf("Cannot open file strike any key exit!");
    getchar();
    exit(1);
  }
  printf("input a string:\n");
  ch=getchar();
  while (ch!='\n')
  {
    //将字符写入文件
    fputc(ch,fp);
```

```
27.     ch=getchar();
28.  }
29.  //将文件位置指针定位到文件开头
30.  rewind(fp);
31.  //从 fp 所指文件的当前位置读入一个字符
32.  ch=fgetc(fp);
33.  //文件没有结束
34.  while(ch!=EOF)
35.  {
36.     //输出字符
37.     putchar(ch);
38.     //读入一个字符
39.     ch=fgetc(fp);
40.  }
41.  printf("\n");
42.  //关闭文件
43.  fclose(fp);
44.  system("pause");
45.}
```

第三步： 测试并验证程序运行结果。

第四步： 程序阅读理解。

（1）程序中第 15 行代码的含义：

____

（2）程序第 22 行-28 行的含义：

从键盘读入一个字符后进入循环，当读入字符不为回车符时，则把该字符写入文件之中，然后继续从键盘读入下一字符。每输入一个字符，文件内部位置指针向后移动一个字节。写入完毕，该指针已指向文件末。

（3）程序第 30 行 rewind 函数用于把 fp 所指文件的内部位置指针移到文件头。

2. 写字符串函数 fputs

fputs 函数的功能是向指定的文件写入一个字符串。

语法如下：

```
fputs(字符串，文件指针);
```

其中，字符串可以是字符串常量，也可以是字符数组名或指针变量，例如：

fputs("abcd"，fp)；

其意义是把字符串“abcd”写入 fp 所指的文件之中。案例 2 是在案例 1 中建立的文件 data.txt 中追加一个字符串。

案例 5：在案例 1 之中建立的 data.txt 中追加一个字符串。

第一步：任务分析。

实现在文件末尾添加，以追加方式打开文件：

fp=fopen("data.txt","a+");

第二步：用 C 语言编码实现。

```
#include<stdio.h>
#include <stdlib.h>
/*
功能：在 data.txt 文件的末尾添加一个字符串
作者：史老师
时间：2022-06-27
版本：1.0
*/
void main()
{
  //声明 FILE 指针变量
  FILE *fp;
  char ch,str[20];
  //打开文件，以添加的方式
  if((fp=fopen("data.txt","a+"))==NULL)
  {
    printf("Cannot open file strike any key exit!");
    getchar();
    exit(1);
  }
  printf("input a string:\n");
  scanf("%s",str);
  //将字符串写入 fp 所指的文件
```

```
fputs(str,fp);
//将文件位置指针移到文件开头
rewind(fp);
//读取一个字符
ch=fgetc(fp);
while(ch!=EOF)
{
   putchar(ch);
   ch=fgetc(fp);
}
printf("\n");
//关闭文件指针
fclose(fp);
system("pause");
}
```

第三步：测试并验证程序运行结果。

任务实施

第一步：任务分析。

将入库物资信息写入文件的步骤：

第二步：算法设计。

用流程图描述完成项目用到的算法：

第三步：编码实现。

```
//防疫物资入库
void inBound()
{
    //打开文件
    FILE *fp=fopen("D:\\emp.txt","a+");
    EPM epm;
    printf("请输入入库的防疫物资名称：");
    gets(epm.name);
    strcpy(epm.name,name);
    printf("品牌：");
    gets(epm.brand);
    printf("单价:");
    scanf("%lf",&epm.unitPrice);
    printf("数量：");
    scanf("%d",&epm.quantity);
    //将入库的防疫物资信息写入文件
    fwrite(&epm,sizeof(EPM),1,fp);
    printf("%s 成功入库！\n",name);
    //关闭文件
    fclose(fp);
}
```

第四步：运行和调试程序。

运行结果：

成果展示

将活页任务单、源程序和运行结果提交到课程平台。

评价与反思

结合项目的完成情况，各方参照评价指标，客观公正完成评价。

评价表

评价项目		评分标准	分值	评价			总评得分
				自评	互评	师评	
过程性评价	线上资源学习	完成线上资源学习、参与课程讨论	10				
	团队协作	各小组分工合理，能协作开展工作	10				
	解决问题能力	能主动查验资料解决问题	5				
	劳动素养	积极主动完成任务	10				
	职业素养	规范编写代码	5				
结果性评价	是否按计划完成任务	在规定时间内完成任务	15				
	任务完成情况	完成入库信息写入文件	30				
	展示汇报	清楚、有条理地表达	15				

反思：

任务反思	通过本任务的实现，结合任务完成过程中自己遇到的问题和学习成果评价结果，对任务的完成过程、完成结果进行反思和分析，并提出有效的解决措施
	问题 1：
	产生原因：
	解决办法：
	问题 2：
	产生原因：
	解决办法：
	问题 3：
	产生原因：
	解决办法：

拓展练习

有一磁盘文件“Employee”内存放有职工的数据。每个职工数据包含职工姓名、职工号、性别、年龄、住址、工资、健康状况、文化程度。现要求将职工姓名、工资的信息单独提取出来另建一个简明的职工工资文件。

课后作业

1. 有 5 个学生，每个学生 3 门课程的成绩，从键盘输入学生数据（包括学号，姓名，3 门课成绩），计算出平均成绩，将原有数据和计算出的平均分数存放在磁盘文件“student”中。

2. 将 1 题中“student”文件中的学生数据，按平均分进行排序，将已排序的学生数据存入一个新文件“stu_sort”中。

项目 3　完善防疫物资信息入库

任务描述

在上一任务中，当同一类防疫物资入库时，文件中将会有重复的信息。本任务要求，当防疫物资入库时，先判断文件中是否包含该物资，如果包含则只需输入入库的数量，修改文件中该项物资的数量；如果该物资在文件中不存在，则输入物资所有信息，并将该物资保存到文件末尾。

技术准备

1. 文件的随机读写

前面介绍的对文件的读写方式都是顺序读写的，即读写文件只能从头开始，顺序读写各个数据。但在实际问题中常要求只读写文件中某一指定的部分。为了解决这个问题，用户可移动文件内部的位置指针到需要读写的位置，再进行读写，这种读写称为随机读写。实现随机读写的关键是要按要求移动位置指针，这称为文件的定位。移动文件内部位置指针的函数主要有两个，即 rewind 函数和 fseek 函数。

rewind 函数前面已多次使用过，其调用形式为：rewind（文件指针）；它的功能是把文件内部的位置指针移到文件首。下面主要介绍 fseek 函数。

fseek 函数用来移动文件内部位置指针。

语法如下：

```
fseek(文件指针，位移量，起始点);
```

其中：

（1）“文件指针”指向被移动的文件。

（2）“位移量”表示移动的字节数，要求位移量是 long 型数据，以便在文件长度大于 64KB 时不会出错。当用常量表示位移量时，要求加后缀“L”。

（3）“起始点”表示从何处开始计算位移量，规定的起始点有三种：文件首，当前位置和文件尾。其表示方法见表 6.3。

表 6.3　文件位置表示法

起始点	表示符号	数字表示
文件首	SEEK—SET	0
当前位置	SEEK—CUR	1
文件末尾	SEEK—END	2

例如：fseek(fp,100L,0);

其意义是把位置指针移到离文件首 100 个字节处。还要说明的是，fseek 函数一般用于二进制文件。在文本文件中由于要进行转换，故往往计算的位置会出现错误。文件的随机读写在移动位置指针之后，即可用前面介绍的任一种读写函数进行读写。由于一般是读写一个数据块，因此常用 fread 和 fwrite 函数。下面用案例来说明文件的随机读写。

案例 6：在学生文件 students.dat 中写入两个学生信息。

第一步：任务分析。

采用模块化编程思想，定义以下两个函数：

void writeFile()函数：实现键盘输入两个学生信息，并写入文件。

void readSecond()函数：实现读取第二个学生信息，并显示出来。

第二步：算法设计。

第三步：用 C 语言编码实现。

```
#include<stdio.h>
#include <stdlib.h>
/*
功能：将学生信息写入文件 student.dat。
*/
struct stu
{
    int num;
    char name[10];
    int age;
    char address[15];
}pupil,*qq;
/*
功能：键盘输入两个学生信息，并将学生信息写入文件 student.dat 中
*/
void  writeFile()
{
    FILE *fp;
    int i=0;
    //打开文件
    if((fp=fopen("student.dat","ab+"))==NULL)
    {
        printf("文件打开失败！ \n");
        getchar();
        exit(1);
    }
    for(i=0;i<2;i++)
    {
        printf("请输入第%d 个学生的学号：",i+1);
        scanf("%d",&pupil.num);
        printf("姓名：");
        getchar();
        gets(pupil.name);
        printf("年龄：");
        scanf("%d",&pupil.age);
        printf("地址：");
        getchar();
        gets(pupil.address);
```

```
        //将学生信息写入文件
        fwrite(&pupil,sizeof(struct stu),1,fp);
    }
    //关闭文件指针
    fclose(fp);
}
/*
功能：读取第二个学生的信息
*/
void readSecond()
{
    struct stu stu1,*qq=&stu1;
    FILE *fp;
    int i=0;
    //打开文件
    if((fp=fopen("student.dat","ab+"))==NULL)
    {
        printf("文件打开失败！ \n");
        getchar();
        exit(1);
    }
    //将文件位置指针定位到第二个学生的位置
    fseek(fp,1*sizeof(struct stu),0);
    if(fread(qq,sizeof(struct stu),1,fp)!=0)
    {
        printf("student.dat 文件中第二个学生信息： \n");
        printf("%-5s%-10s%-7s%-15s\n","学号","姓名","年龄","地址");
        printf("%-5d%-10s%-7d%-15s\n",qq->num,qq->name,qq->age, qq->address);
    }
    else
    {
        printf("没有找到第二个学生！ \n");
    }
    //关闭文件指针
    fclose(fp);
}
void main()
{
    writeFile();
    readSecond();
```

```
    system("pause");
}
```

第四步：运行和调试程序。

运行结果：

2. 文件检测函数

C 语言中常用的文件检测函数有以下几个。

（1）文件结束检测函数 feof。

函数调用格式：feof（文件指针）;

功能：判断文件是否处于文件结束位置，如文件结束，则返回值为 1，否则为 0。

（2）读写文件出错检测函数 ferror。

函数调用格式：ferror（文件指针）;

功能：检查文件在用各种输入输出函数进行读写时是否出错。如 ferror 返回值为 0，则表示未出错，否则表示有错。

（3）文件出错标志和文件结束标志置 0 函数。

函数调用格式：clearerr（文件指针）;

功能：用于清除出错标志和文件结束标志，使它们为 0 值。

任务实施

第一步：任务分析。

（1）确定将入库物资信息写入文件时文件的打开方式。

“wb+”：如果文件不存在，创建一个新文件；如果文件存在，清空文件内容再写入；

“a”：如果文件不存在，那么创建一个新文件；如果文件存在，将写入的数据追加到文件末尾；

“rb+”：以读写方式打开文件，既可以读也可以写，也就是可以随意更新文件，但文件必须存在，否则打开失败。

因此，以上三种文件打开方式中，本任务适合用“rb+”方式打开。

（2）将防疫物资信息写入文件的步骤。

①在 D 盘新建一个 emp.txt 文件。

②FILE *fp=fopen("D:\\emp.txt","rb+");

③输入入库防疫物资名称，判断文件中是否有该物资，如果有，修改数量；如果没有，则将物资信息写入文件末尾。

④关闭文件指针。

第二步：算法设计。

用流程图描述完成项目用到的算法：

第三步：编码实现。

```
//防疫物资入库
void  inBound()
{
    int quantity;
    EPM temp;
    int i=0,flag=0;
    printf("请输入入库的防疫物资名称：");
    gets(name);
    //打开文件
    FILE *fp=fopen("D:\\emp.txt","rb+");
```

```
if((fp=fopen("D:\\emp.txt","r+"))==NULL)
{
   printf("文件打开失败!");
   return;
}
while(fread(&temp,sizeof(EPM),1,fp)!=0)
{
   if(strcmp(temp.name,name)==0)
   {
      flag=1;
      break;
   }
   i++;
}
//如果入库物资在文件中已存在，则在文件中增加该物资的数量
if(flag==1)
{
   printf("入库的数量：");
   scanf("%d",&quantity);
   temp.quantity+=quantity;
   //将文件位置指针定位到存放该物资的位置
   fseek(fp,(i)*sizeof(EPM),0);
   //将修改后的物资信息写入文件
   fwrite(&temp,sizeof(EPM),1,fp);
   printf("%s 已增加%d！\n",name,quantity);
}
else
{
   //如果入库物资在文件中不存在，输入物资所有信息，并写入文件
   strcpy(temp.name,name);
   printf("品牌：");
   gets(temp.brand);
   printf("单价:");
   scanf("%lf",&temp.unitPrice);
   printf("数量：");
   scanf("%d",&temp.quantity);
   //将物资信息写入文件
   fwrite(&temp,sizeof(EPM),1,fp);
   printf("%s 成功入库！\n",name);
}
```

```
    //关闭文件
    fclose(fp);
}
```

第四步：运行和调试程序。

运行结果：

成果展示

将活页任务单、源程序和程序运行截图提交到课程平台。

评价与反思

结合项目的完成情况，各方参照评价指标，客观公正完成评价。

评价表

评价项目		评分标准	分值	评价			总评得分
				自评	互评	师评	
过程性评价	线上资源学习	完成线上资源学习、参与课程讨论	10				
	团队协作	各小组分工合理，能协作开展工作	10				
	解决问题能力	能主动查验资料解决问题	5				
	劳动素养	积极主动完成任务	10				
	职业素养	规范编写代码	5				
结果性评价	是否按计划完成任务	在规定时间内完成任务	15				
	任务完成情况	完成入库清单的指定内容修改	30				
	展示汇报	清楚、有条理地表达	15				

反思：

<table>
<tr><td rowspan="10">任务反思</td><td>通过本任务的实现，结合任务完成过程中自己遇到的问题和学习成果评价结果，对任务的完成过程、完成结果进行反思和分析，并提出有效的解决措施</td></tr>
<tr><td>问题 1：</td></tr>
<tr><td>产生原因：</td></tr>
<tr><td>解决办法：</td></tr>
<tr><td>问题 2：</td></tr>
<tr><td>产生原因：</td></tr>
<tr><td>解决办法：</td></tr>
<tr><td>问题 3：</td></tr>
<tr><td>产生原因：</td></tr>
<tr><td>解决办法：</td></tr>
</table>

拓展练习

有一磁盘文件“Employee”内存放有职工数据。每个职工数据包含职工姓名、职工号、性别、年龄、住址、工资、健康状况、文化程度。现要求将职工姓名、工资的信息单独提取出来另建一个简明的职工工资文件。从“职工工资文件“中删除一个职工的数据，再存回原文件。

课后作业

将已排序的学生成绩文件进行插入处理。插入一个学生的 3 门课程成绩，程序先计算新插入学生的平均成绩，然后将它按成绩由高到低顺序插入，插入后建立一新文件“stu_insert”。

附录　C 库文件

C 系统提供了丰富的系统文件，称为库文件。C 的库文件分为两类，一类是扩展名为“h”的文件，称为头文件，在前面的包含命令中已多次使用过。在“h”文件中包含了常量定义、类型定义、宏定义、函数原型以及各种编译选择设置等信息。另一类是函数库，包括了各种函数的目标代码，供用户在程序中调用。通常在程序中调用一个库函数时，要在调用之前包含该函数原型所在的“h”文件。C 库文件及含义下表。

表　C 库文件及含义

ALLOC.H	说明内存管理函数（分配、释放等）
ASSERT.H	定义 assert 调试宏
BIOS.H	说明调用 IBM—PC
ROM	BIOS 子程序的各个函数
CONIO.H	说明调用 DOS 控制台 I/O 子程序的各个函数
CTYPE.H	包含有关字符分类及转换的各类信息（如 isalpha 和 toascii 等）
DIR.H	包含有关目录和路径的结构、宏定义和函数
DOS.H	定义和说明 MSDOS 和 8086 调用的一些常量和函数
ERRON.H	定义错误代码的助记符
FCNTL.H	定义在与 open 库子程序连接时的符号常量
FLOAT.H	包含有关浮点运算的一些参数和函数
GRAPHICS.H	说明有关图形功能的各个函数，图形错误代码的常量定义，正对不同驱动程序的各种颜色值，及函数用到的一些特殊结构
IO.H	包含低级 I/O 子程序的结构和说明
LIMIT.H	包含各环境参数、编译时间限制、数的范围等信息
MATH.H	说明数学运算函数
HUGE	VAL 宏，说明了 matherr 和 matherr 子程序用到的特殊结构
MEM.H	说明一些内存操作函数（其中大多数也在 STRING.H 中说明）
PROCESS.H	说明进程管理的各个函数，spawn…和 EXEC…函数的说明
SETJMP.H	定义 longjmp 和 setjmp 函数用到的 jmp buf 类型，并说明这两个函数
SHARE.H	定义文件共享函数的参数
SIGNAL.H	定义 SIG[ZZ(Z] [ZZ)]IGN 和 SIG[ZZ(Z] [ZZ)]DFL 常量，说明 rajse 和 signal 两个函数
STDARG.H	定义读函数参数表的宏，如 vprintf、vscarf 函数
STDDEF.H	定义一些公共数据类型和宏
STDIO.H	预定义流：stdin，stdout 和 stderr，说明 I/O 流子程序
STDLIB.H	说明一些常用的子程序：转换子程序、搜索/排序子程序等
STRING.H	说明一些串操作和内存操作函数

SYS\STAT.H	定义在打开和创建文件时用到的一些符号常量
SYS\TYPES.H	说明 ftime 函数和 timeb 结构
SYS\TIME.H	定义时间的类型 time[ZZ(Z] [ZZ)]t
TIME.H	定义时间转换子程序 asctime、localtime 和 gmtime 的结构，ctime、difftime、gmtime、localtime 和 stime 用到的类型，并提供这些函数的原型
VALUE.H	定义一些重要常量，包括依赖于机器硬件的和为与 Unix System 相兼容而说明的一些常量，包括浮点和双精度值的范围

参考文献

[1] [美]布莱恩・克尼汉，丹尼斯・里奇. C 程序设计语言[M]. 2 版. 北京：机械工业出版社，2019.

[2] 刘新铭，等. C 语言程序设计教程[M]. 北京：机械工业出版社，2009.

[3] [美]玻尔，等. 编程逻辑基础教程[M]. 6 版. 北京：清华大学出版社，2003.

[4] [美]Kelley. C 语言教程[M]. 北京：机械工业出版社，2007.

[5] 谭浩强. C 语言程序设计题解与上机指导[M]. 北京：清华大学出版社，2000.

[6] C 编写组. 常用 C 语言用法速查手册[M]. 北京：龙门书局，1995.

[7] 宋振会. C++语言编程基础教程. 北京：清华大学出版社，2006.

[8] 谭浩强. C 语言程序设计[M]. 5 版. 北京：清华大学出版社，2017.

[9] 赵彦. C 语言程序设计[M]. 北京：高等教育出版社，2019.

[10] [美]K・N・King. C 语言程序设计现代方法[M]. 2 版. 北京：人民邮电出版社，2021.

参考文献

[1] [illegible]，颜晖，[illegible]. [illegible] C语言程序设计[M]. [illegible]：高等教育出版社，201[illegible].
[2] [illegible]. [illegible] C语言程序设计[M]. 北京：[illegible]出版社，2009.
[3] [illegible]. [illegible]程序设计[M]. 北京：清华大学出版社，2000.
[4] [illegible]. C语言程序设计[M]. [illegible]出版社，2007.
[5] [illegible]. C语言程序设计[M]. 北京：清华大学出版社，2000.
[6] [illegible]. C程序设计[M]. 北京：[illegible]，1997.
[7] [illegible]. C语言程序设计[M]. [illegible]大学出版社，2006.
[8] [illegible]. C语言程序设计[M]. 北京：清华大学出版社，20[illegible].
[9] [illegible]. C语言程序设计[M]. [illegible]出版社，2010.
[10] [illegible]. C[illegible]程序设计[M]. 北京：人民邮电出版社，2011.